“抵御外侮——中华英豪传奇”丛书

丛书主编　张海鹏

U0870570

抗联铁骨

赵尚志

贠占军◎著

南京出版传媒集团
南京出版社

图书在版编目(CIP)数据

抗联铁骨赵尚志/贠占军著. —南京:南京出版社,2018.4
(抵御外侮:中华英豪传奇)
ISBN 978-7-5533-2174-5

Ⅰ. ①抗… Ⅱ. ①贠… Ⅲ. ①赵尚志(1908-1942)—传记 Ⅳ. ①K825.2

中国版本图书馆CIP数据核字(2018)第052225号

书　　名　抗联铁骨赵尚志
作　　者　贠占军
出版发行　南京出版传媒集团
　　　　　　南 京 出 版 社
社址:南京市太平门街53号　邮编:210016
网址:http://www.njcbs.cn　电子信箱:njcbs1988@163.com
联系电话:025-83283893、83283864(营销)　025-83112257(编务)

出 版 人　项晓宁
出 品 人　卢海鸣
责任编辑　程　瑶
装帧设计　王　俊　王　敏
责任印制　杨福彬

排　　版　江苏凤凰制版有限公司
印　　刷　江苏凤凰通达印刷有限公司
开　　本　787毫米×1092毫米　1/32
印　　张　4.5
字　　数　72千字
版　　次　2018年4月第1版
印　　次　2022年8月第5次印刷
书　　号　ISBN 978-7-5533-2174-5
定　　价　18.00元

用微信或京东APP扫码购书

用淘宝APP扫码购书

上架建议:教育·历史

编 委 会

主　　任　朱同芳

副 主 任　卢海鸣

编　　委　（按姓氏笔画排序）

王　涛　王宝国　孙维桢　贠占军

苏卫平　经盛鸿　樊立文

丛书主编　张海鹏

总 策 划　卢海鸣

统　　筹　潘　珂　程　瑶

总 序

在中华民族的历史上，沿海倭寇的肆意袭扰，西方列强的坚船利炮，侵华日军的烽火狼烟，一次又一次将中华民族推向生死存亡的边缘，给中华民族带来了深重的灾难与难以磨灭的痛苦记忆。中国从一个封建国家演变为一个半殖民地半封建国家。国运危亡，威胁着每一个中国人。

天下兴亡，匹夫有责。抵御外侮，救亡图存，成为面临外敌入侵、民族危亡时中国人思考的第一课题。也正是在这样的危难时刻，中华民族产生出一个又一个舍生取义、矢志报国的英雄豪杰，他们一回又一回地挽狂澜于既倒，扶大厦于将倾。他们的丰功伟绩，不只是单纯地拯救了某个王朝，某个皇帝，而是拯救了整个中华民族的血脉与希望；正像我们的国歌所唱的那样:把我们的血肉铸成新的长城,他们的奋斗和牺牲,把中国的历史命运一次一次推向一个进步的新阶段;他们的高风亮节,不只是中华儿女景仰、学习的榜样,也是人类不屈不挠、英勇抗暴精神的象征。抗敌御侮的英雄事迹,构成了中华优秀传统的新的篇章。

中华民族没有在外敌面前屈服、倒下,而是在一次一次斗争后走向新生,走向进步。作为唯一延续至今未曾中断过的中华文明不断在成长,中华民族依旧傲然挺立于世界民族之林,中华民族的文化传统,不仅没有消逝在历史长河之中,反而发扬光大,成为造就中国特色社会主义的基本历史因素。

为了歌颂中华英豪的爱国精神,为了纪念中国人民抵御外侮的伟大事迹,为了弘扬优秀的传统文化,南京出版传媒集团·南京出版社推出“抵御外侮——中华英豪传奇”丛书。

这套丛书是面向青少年的普及性读物,聘请各有所长的学者撰写,力图用生动活泼的语言,引人入胜的故事,准确的历史事实,努力展现明清以来各个时期抵御外侮的英雄豪杰的事迹,描绘每一位英豪的成长历程和闪光人生，再现了他们人生的不朽光辉。丛书通过这些在抵御外侮中发挥重大作用的英雄人物，向广大青少年表达了中华民族热爱和平、热爱祖国的家国情怀。

如今，我们正走在中华民族复兴的伟大征程之上，国家发展前程似锦，国际地位日益提高，全世界的目光都在转向中国，可以说，今天的中国距离中华民族复兴的伟大梦想，比以往任何时候都更为接近了。越是在这种时候，我们越是要记住为实现中华民族伟大梦想而奋斗、而牺牲的先烈；在我们昂首阔步走向未来新征程的路上，我们更应该居安思危、以史为鉴。历史已经证明：每一段抵御外侮的历史，都是一段维护正义的历史；每一场抵御外侮的斗争，都是一场维护和平的斗争；每一次抵御外侮的奋斗，都是一次为了实现人民美好生活的奋斗，正义终将胜利，和平终将胜利，人民终将胜利。

“抵御外侮——中华英豪传奇”丛书在传播正能量、弘扬爱国主义情怀的同时，提醒我们，在和平时期，抵御外侮的精神同样不可或缺，抵御外侮的英豪也同样不应遗忘，我们今时今日所有的成就与繁荣，离了这种精神、这些英豪，都是万万不可想象的。

“抵御外侮——中华英豪传奇”丛书，不只是为了缅怀先烈，更是为了激励后人；不只是为了铭记历史，更是为了展望未来。

为青少年编写历史小丛书，是一项崇高的事业。20 世纪 50—60 年代，吴晗主编了《中国历史小丛书》《世界历史小丛书》，对当时的青少年起到了历史教育的奠基作用，事实证明是成功的出版经验。我期待南京出版社继起努力，把这个崇高的事业承担起来，拓展开来。为这个崇高的事业投入人力、物力和财力，是会得到善报的，这个善报，不在多少金钱，而在一代一代具有丰富历史知识的青少年的成长，他们将成为国家的栋梁。

（中国社会科学院学部委员、中国史学会原会长）

目　录

引　言

东北抗日联军是中国共产党领导的活跃于东北地区的一支重要抗日武装力量，它从无到有，由小到大，凝聚着中国共产党人的心血和信仰。赵尚志是著名抗日将领，东北抗日联军的主要创建人和领导人，对东北抗日联军的成立、发展和壮大做出了巨大贡献。他是坚定的共产主义者、抗日民族英雄，为民族解放事业战斗到生命最后一刻。在经历十多年艰苦卓绝的抗日武装斗争后，在中国人民即将迎来全国抗战胜利的时候，他的生命却永远定格在了三十四岁。

在东北人民心中，赵尚志是一位形象高大的英雄，是一个传奇人物。现实中的赵尚志相貌普通、身材矮小，是千千万万普通百姓中的一员。但是，正是这样一位再平凡不过的普通人，却让侵略者发出了“小小的满洲国，大大的赵尚志”的哀叹。他和我们普通人一样，感受着战胜敌人的喜悦，也经历着挫折和失败带来的沮丧，始终不变的是心中的信仰和将日本侵略者赶出东北的坚定信念。当时，《救国时报》等国内外报刊对赵尚志的抗日活动进行了大量报道。赵尚志等东北抗日将领曾受到毛泽东同志的高度评价，称赞他们“都是共产党员，他们的坚决抗日艰苦奋斗的战绩，是人所共知的”。

赵尚志素以足智多谋、骁勇善战著称，他的威名令敌人闻风丧胆。黄埔军校的经历虽然短暂，却造就了他杰出的军事才能和指挥艺术。“木炮打宾州”“冰趟子大捷”“肖田地突围”等经典战斗是其以各种灵活战法消灭敌人的传奇战例。他杰出的军事才能连他的对手都发出由衷的赞叹，称“此战必有名将指挥”。

赵尚志是辽宁省朝阳县人，生于农村知识分子家庭，1919 年举家迁居哈尔滨。他在 1925 年在哈尔滨市许公中学读书时，参加革命并光荣地加入了中国共产党。同年末，进入黄埔军校学习。短暂的军校生活使他与党领导的武装斗争紧密联系在一起，从黄埔军校返回东北后，他在中共满洲省委工作，曾担任省委常委、军委书记职务。1931 年九一八事变爆发后短短数月，东北沦陷，东北人民在日本侵略者的铁蹄下过着水深火热的生活。赵尚志遵照中国共产党关于武装抗击日本侵略者，发动游击战争的指示，在中共满洲省委、珠河中心县委领导下，1933 年 10 月，创建珠河反日游击队。1934 年 6 月任东北反日游击队哈东支队司令，抗日武装力量不断壮大，先后创建了珠河、汤原游击根据地。1935 年 1 月，赵尚志任东北人民革命军第三军军长。1936 年 1 月任北满抗日联军总司令，同年 8 月任东北抗日联军第三军军长，后任第二路军副总指挥。赵尚志指挥东北抗日联军第三军纵横驰骋在松花江两岸、小兴安岭山麓，运用灵活的战略、战术，与武装到牙齿的敌人浴血奋战，为争取民族独立和自由进行坚决的抵抗斗争，直至生命最后一息。

赵尚志是抗联名将，也是民族英雄，他用短暂而执着的生命在历史画卷中留下了精彩的一笔，不甘屈辱、立志杀敌和争取民族独立自由的坚定信念感染着一代代中华儿女。

本书只是选取赵尚志将军短暂人生历程中的部分精彩内容，篇幅所限，未能尽显将军全貌，特别是将军两次被开除出党的心路历程，基本没做详细描述。

“金无足赤，人无完人”。尽管赵尚志两次被开除党籍，但是他用行动验证了自己的信仰和追求。正如东北抗联史专家赵俊清所说：“东北抗日武装斗争堪称一部壮丽的英雄史诗。应该说，在这部史诗中，赵尚志以自身的英勇行动和洒下的鲜血书写了光辉的篇章。”赵尚志将军坚定的革命信仰和为民族独立自由而不懈斗争的执着信念，值得我们永远铭记。

第一章　寻求真理　投身革命

第一节　走向光明

1908 年 10 月 26 日，赵尚志出生在辽宁省朝阳县(原隶属热河省)王伦沟乡喇嘛沟村(今尚志乡尚志村)。村子不大，散居着一二十户农户。一条小河沟从赵家门前缓缓流过，赵家是一个农村知识分子家庭，赵尚志的祖父、父亲都是读书人，因为有文化，善于经营，家境较为富裕。

赵尚志

赵尚志的父亲赵振

铎，又名宗义，字子馥。他是一位为人正直、受人尊敬的私塾先生。他虽教授私学，但思想并不守旧，很重视对子女的教育，鼓励孩子们读书，常给子女们讲精忠报国的英雄、劫富济贫的好汉等故事。在学堂里，他经常劝导自己的弟子到新式学校学习先进的科学文化知识。

赵尚志的母亲张效乾是一位性情敦厚、勤劳善良的农村妇女。她为赵家养育了八个子女。她虽识字不多，但深明大义。她积极支持自己的子女从事革命工作和参加抗日斗争，并把自己的家当成联络点，为党内同志提供生活上的帮助。

赵尚志从六岁开始跟随父亲读书识字，他从小就从祖国的悠久历史中，感受到中华文明的博大精深，逐渐形成了坚定的爱国主义情感。

1919 年春节后，赵尚志随家人迁到哈尔滨。为了生计，他给白俄老板当过杂役，到首饰店当过学徒，还和二哥赵尚朴一起卖过烧饼。1923 年，他到华俄道胜银行哈尔滨分行道里支行当信差。

1925 年 2 月，赵尚志进入哈尔滨许公中学学习，成为这所学校的第一期学生。此时正值中国第一次国内革命战争时期，全国各地的革命浪潮风起云涌，国民党与共产党首次合作，结成反帝反军阀的革命统一战线。身在许公中学的赵尚志与同学吴安国、张儒林等开始关注时事，接受了共产主义思想的影响和熏陶。这时的哈尔滨已建有中国共产党组织。

小贴士

许公中学:1924 年 12 月,中东铁路公司为纪念中东铁路首任督办许景澄,在哈尔滨南岗邮政街创办"许公实业学校"。1925 年 10 月 1 日,"许公实业学校"改称"许公纪念储材学校",1926 年 8 月,学校改称"东铁许公纪念工业学校",课程设有建筑、机械两科。同年 11 月 1 日,改称"东省特别区许公职业学校"。1929 年 8 月 26 日,学校改称"东省特别区第一工科高级中学",增设了高等学级。其后,又经历多次改名。哈尔滨解放后,校舍改用于北满铁路管理局。

俄国十月革命后,马克思主义便通过中东铁路这条"红色之路"传入中国东北。1921 年,早期中国共产党人马骏回到家乡东北,传播革命思想。1923 年 3 月,中共北京地委派陈为人和李震瀛到哈尔滨开展建党工作。同年 10 月,东北第一个中共党组织——中共哈尔滨组成立。

许公中学旧址

赵尚志在与哈尔滨工业大学等校外学生的交往中，通过吴安国的哥哥、工大学生吴宝泰结识了中共哈尔滨支部负责青年工作的彭守朴。在他们的多次接触和谈话中，赵尚志懂得了更多的革命道理，特别是关于阶级斗争的学说。从这时起，赵尚志开始正确地认识了人生，认识了社会，由此走上了一条崭新的道路——革命。

为了使同学们更多地关心中国的政治和前途命运，赵尚志从校外搞来许多进步书刊。他在宿舍里置备了一个书架，摆放着《少年百科全书》《新青年》等书籍，供同学们阅读。他还与吴安国、王世英等倡议成立了“文学研究会”，组织参加研究会的同学阅读《向导》《中国青年》《少年漂泊者》等进步书刊，引导同学学习新文化、新思想。

很快，赵尚志成为许公中学的活跃人物。他知识丰富，乐于助人，富有正义感，在同学中威信较高，深受同学信赖。此外，他又非常善于辩论，当时的同学们给他起了一个绰号——“赵圣人”。

1925年5月，反帝反封建的五卅运动在上海爆发。中共党员顾正红被日本纱厂资本家枪杀。之后，在上海南京路举行反帝示威的爱国群众又惨遭英国巡捕的屠戮，造成几十人伤亡。这起震惊中外的大惨案，掀起了全国人民反帝爱国的风暴。各地的工人、学生、工商业者纷纷行动起来开始罢工、罢课、罢市，抗议日英帝国主义的野蛮行径。

哈尔滨与其他城市一样，也掀起了声援上海反帝爱国斗争的浪潮。在斗争中，中共哈尔滨支部发挥了重要的组织和领导作用。6月12日，哈尔滨工业大学、第六中学、东华中学、许公中学等学校召开代表大会，号召学生开展募捐活动。赵尚志作为许公中学的代表参加了大会。他回到学校后，积极奔走，号召同学们节衣缩食，拿出自己的零用钱，为上海的同胞捐款，支援他们的爱国斗争。

为了推动哈尔滨市学生运动的深入开展，中共党组织指示在大中学校里要成立学生自治会，并以这一组织为阵地，广泛开展学生爱国运动。赵尚志根据这一指示，立即进行筹备工作。不久，许公中学学生自治会成立，赵尚志被推举为副会长兼交际股长。此后，赵尚志便有组织地领导许公中学开展爱国活动。

在五卅运动中，赵尚志受到革命斗争的锻炼和考验。在中共哈尔滨支部党员的帮助下，他的思想觉悟有了很大提高。不久，经共产党员彭守朴介绍，赵尚志加入了中国共产党。

赵尚志入党后，更加积极地从事政治活动。他精力充沛，废寝忘食地在市内各学校间做宣传、鼓动工作，引导学生奋起救国，从事改造社会的斗争。

1925 年 10 月，东北发生了东北军军官郭松龄倒戈反奉事件。赵尚志根据党组织的指示，在许公中学联络了一些进步同学分头到各校开展反对张作霖的宣传，组织募捐活动，支持郭松龄倒戈反奉斗争。

郭松龄反奉斗争遭到奉系军阀的镇压，不久后失败。赵尚志也由于积极参加这一活动而被学校以“旷课太多，请假未准，擅自出校”为由开除。

第二节 投考黄埔

西方有句名言:“上帝是公平的,他在关闭一扇门的同时,也打开了另一扇窗。”虽然许公中学开除了赵尚志,但另一所学校却在他向招手,那就是在大革命浪潮中令无数青年人向往的黄埔军官学校。1925 年底,赵尚志与许公中学同班同学张道庸前往广州,去投考黄埔军官学校。

小贴士

黄埔军官学校:1924 年 5 月,第一次国共合作后,在广州创办的一所军官学校,全称是“中国国民党陆军军官学校”,1926 年 1 月更名为“中央军事政治学校”。因校址设在广州的黄埔岛上,也称黄埔军官学校,简称黄埔军校。蒋介石任校长,仿苏联红军的建军原则,设党代表,党代表为廖仲恺,教育长为胡谦,继任者有何应钦、邓演达、方鼎英等,政治部主任先是戴传贤,1925 年为周恩来,后为熊雄。政治总教官为熊雄,1926 年为恽代英。叶剑英、聂荣臻、萧楚女等均曾担任负责工作。

黄埔军校旧址

黄埔军官学校是第一次国共合作的产物，素以体制建全，组织严密，规模庞大而著称，被誉为革命军大本营。但是，随着大革命的深入开展和国民党内部的分化，国民党右派势力、顽固分子开始蠢蠢欲动，欲占黄埔军校的企图已日益明显。军校中的“孙文主义学会”一派与中国共产党领导的“青年军人联合会”相对立，并屡屡制造事端，进行反共、反革命活动。当时，右派势力十分嚣张。

中共中央为使这所革命学校不为右派势力所占据，曾向各地党组织发出通知，要求各地党组织积极选送有志青年投考黄埔军校。在 1925 年 11 月 1 日中央发出的 62 号通告说："广州黄埔军校拟招收三千名入伍生，望各地速速多送工作不甚重要之同学、少校同学及民校左派同学，自备川资，前往广州投考，以免该校为反动派所占。此事关系甚大，各地万勿忽视。投考者须一律携带民校介绍证。"又说："程度须在高小以上，在名额未满以前，本校及少校同学，均可望不致落选。"同时，军校在各地也秘密散发许多招生广告。

赵尚志被许公中学开除后，没有直接回家，住在工业大学进步学生高成儒家。这期间，他曾阅读过军校报刊《黄埔潮》，对黄埔军校已经有了初步了解，他十分渴望能到这所学校去学习军事。当他得知黄埔军校招生的消息后，立即向党组织提出前去投考的请求。此时中共哈尔滨支部已改为中共哈尔滨特别支部。特支负责人吴丽石经过认真考虑，认为赵尚志工作积极，勇敢踏实，朝气蓬勃，经过培养一定会成为一个有为的青年。另外，他已因参加声援"五卅"和反奉斗争被学校开除，正停学待业，党的工作也能脱离得开，其文化程度也是符合中央 62 号通告提出的要求的。因此，组织上批准了他去投考黄埔军校的请求。

赵尚志得知党组织批准他投考黄埔军校的消息后，

异常高兴，马上把这个好消息告诉了二哥赵尚朴。他得到了哥哥的支持。临行时，赵尚朴拿出 15 元钱，给他在路上用。

道外集良街 26 号

当时，反动军阀正在疯狂镇压反奉运动参加者，张道庸根据组织指示，来到道外集良街 26 号赵尚志家通知撤离消息后，二人化装成小商人，在组织的资助下绕道营口，乘船来到天津，之后又奔赴北京。在这里，找到了张道庸父亲张子才（国民党在东北的元老之一，哈尔滨市反奉主要人员，刚从哈尔滨撤离到北京）。此时，北京“反共讨赤”的反革命活动愈演愈烈，张子才也同意赵尚志、张道庸二人去广州，投考黄埔军校。之后，赵尚志与张道庸携带着组织开具的国民党员介绍信和为其筹集的路费，从北京登上了南下的列车，奔赴广州。

此时的广州满眼翠绿，景色宜人，与寒风刺骨、滴水成冰的北方形成了鲜明对比。但是，踏上南国大地的赵尚志和张道庸却无心观赏美丽的风景，他们直接来到了距广州市区三四十里的黄埔军校所在地——长洲岛。

出乎意料的是，当他们到达黄埔军校时，招生考试已经结束。满腔的热忱陡然被浇上了一瓢凉水，希望瞬间变成了绝望。

抱着“怎么也不能白来”的执着信念，他们决定天天到军校去“磨”，不答应招收就不走。俗话说“心诚则灵”，他们的坚持终于得到同情，被允许单独补考。

按照黄埔军校的规定，所有考生都要经过“试验”。一是“学历试验”，用笔试看其文化程度；二是“性格试验”，通过口试观察考生对三民主义了解的程度及志趣、品格、表达能力等；三是“体格试验”，检查身体，看符不符合要求。按陆军体格检查的规定，投考者身体状况要求是：“营养状态良好，强健耐劳，无眼疾、痔疾、肺病、花柳病等疾害。”赵尚志和张道庸进行补考也毫无例外地要进行这三项严格的“试验”。

“试验”中，张道庸进行得十分顺利，三项“试验”都合格。赵尚志“学历试验”“性格试验”也都顺利地通过了，但“体格试验”不合格。赵尚志虽然没有《招生简章》里规定的身体状况不合要求的那些“疾害”，但他体质一般，身材矮小，体重、身高均未达到要求。赵尚志虽然积极争取，但是那位原则性很强的体格试验教官还是不答应。

幸运的是，军校政治部一位教官恰巧走来，看到了这一切，感到这个东北籍的小伙子真有一股刚强劲，投考的态度真诚坚决，便替赵尚志说情让他留下。就这样，他又通过了“体格试验”。经过一番波折，赵尚志终于被黄埔军校录取了，他和张道庸被接收为第四期入伍生。

赵尚志进入黄埔军校的时候，在中国南方，轰轰烈烈的反帝反封建的大革命正在迅猛地开展着。1926 年 3 月，军校为适应形势发展需要，改组为“国民革命军中央军事政治军校”。当时，革命形势迫切需要军校造就、培养出大批有坚定革命意志，掌握革命理论和丰富军事知识的人才，因此，学校所教授的科目十分多。虽然入伍生是为正式升学，升入学生队（本科）作准备的，但所授的科目也不少。军事学科的有典范令、基本战术、兵器、地形地物等；军事术科的有制式教练，野外演习、射击、马术等；政治教育，则教以党的组织及一般政治常识，如三民主义、国民党史、帝国主义大要、政治经济大要等。由于军校采取短期训练的办法，集中进行学习，加之入伍期间勤务甚多，如广州之卫戍，黄埔、虎门之警戒，很少有安宁授课的机会，因此十分紧张。

开始时，赵尚志因入学晚，落下一些课程，学习很吃力，有些科目跟不上。特别是他体质较差，术科训练，如骑马总是落在别人后面。但他刻苦、用功，不甘人后。他把许多休息时间都用在了学习和训练上。功夫不负苦心人，很快，他的成绩赶上来了，赢得了教官和同学们的称赞。后经考试合格，编入军校第四期政治大队第三中队。

赵尚志入军校后不久，即给他的许公中学同学吴安国、张儒林、张选青等写了一封信。信中告诉同学们他在黄埔军校学习情况，并询问许公中学里“文学研究会”和“同志联欢会”之事。信的背面还写有“同志们如何办法进行”等语。不料，由该信引发，酿出一桩“许公中学出校学生潜入共产党”的公案来。一时在哈尔滨闹得满城风雨。

赵尚志的来信于1926年2月寄到许公中学。吴安国、张儒林、张选青看后，仍旧把信留在学校收信处的口袋里，有意让同学们都看看这封“南方来信”。校长熊崇煦发现后，视该信为祸端，唯恐学生受“赤化”影响，把信没收，并在每星期例行的朝会上向学生训话，说什么“赵尚志学业未成，毫无知识，时常旷课，致被开除，各生在校万不可蹈其覆辙”。据赵尚志的同班同学郭德煦回忆说，“赵尚志到了广州黄埔军官学校两个来月就给同学们来了信。信放在收发室一个信袋子里，谁看完谁就把信再放在里边，多数学生都看过这封信。信中主要介绍南方的革命状况和形势。后来被熊校长发现，把这封信给没收了，禁止大家看。熊校长把吴安国、张儒林还有我找到校长室去谈话。他告诉我们不要胡闹。说你们年轻，什么事都不懂，要搞好工业，就要读好书，要再胡闹就开除你们。他还特别对吴安国说，‘你家很穷，要好好念书，不能跟着胡闹’……”

赵尚志自黄埔军校的来信首先在许公中学学生中产生很大反响。校内同学争相传阅，纷纷议论“赵圣人”到南方参加革命的事情，黄埔军校如何如何。一时间这封信成为学生们的议论中心。不久，这封信以及赵尚志去黄埔军校的事也传到外校和社会上。

3 月间，外界开始流传“许公中学有学生十数人潜送广东投效共产党”。当时，视共产党如洪水猛兽的东省特别区行政长官张焕相即命市政局派员秘密探访。经到校核查，得知许公中学离校学生有十九人，熊校长称“就中赵尚志一人闻有入共产党情事，余则不详”。于是东省特别区行政长官公署发出“咨文”:“查该赵尚志既有入共产党之事实，其余学生难保不受赤化”，并指令市政局派员分赴各学校“缜密侦察，设法防治”。4 月 9 日，东铁督办刘尚清向东铁管理局副局长郭崇熙发出训令，因赵尚志牵涉共产党一事对许公中学校长大加申斥，并以校纪松弛为由，令郭崇熙严查此事。郭崇熙派人经十余天了解，于4 月 24 日，将调查情况呈报东铁督办刘尚清，报告试图说明十几名学生投效共产党一案不能成立。4 月 29 日，接到报告的东铁督办刘尚清又指令郭崇熙将调查报告及许公中学出校学生名单呈送东省特别区行政长官公署，并要求严密预防过激事件发生。

在此期间，许公中学熊校长开始“整顿校规”，决定学生中有行为不正确、有嫌疑者即行开除，并通报家长严加管束学习。5 月下旬，学校还发出一纸布告，规劝在校学生专心求学，不许加入任何党籍，防止社会舆论扩大，影响学校前途。

在“整顿校规”过程中，吴安国、张儒林因赵尚志给他们的信函背面写有“同志们如何办法进行”等语，被认为有“赤党嫌疑”而被勒令退学。至此，这起闹腾四个月的“公案”才算了事。

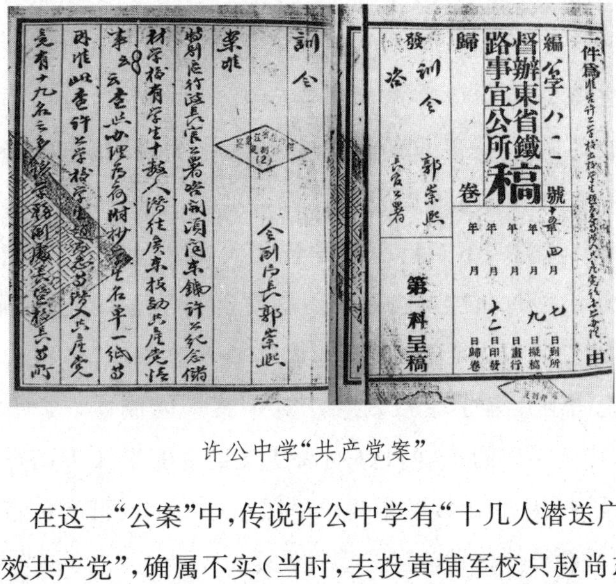
督辦東省鐵路事宜公所稿
編公字八二號
卷
歸卷
訓令 郭宗熙
發咨 長官公署
第一科呈稿
年 四月 七日到所
年 月 九日擬稿
年 月 日畫行
年 月 十二日印發
年 月 日歸卷
訓令
令副局長郭宗熙
案准

许公中学“共产党案”

在这一“公案”中，传说许公中学有“十几人潜送广东投效共产党”，确属不实（当时，去投黄埔军校只赵尚志、张道庸二人）。但东省特别行政公署长官张焕相所讲“赵尚志既有入共产党之事实，其余学生难保不受赤化”还是确实的。在赵尚志的周围，团结着一批许公中学同学。他搞读书会，成立学生会，组织同学参加声援“五卅”反帝爱国斗争，都得到了许多同学的支持。他到黄埔军校后，写给同学的信，也引起了很大反响。他的好友吴安国被勒令退学后说："我本来就不想念下去了，我要找赵尚志去。"他以后也去了广州，找到赵尚志，考进了黄埔军校。

以上，即是由赵尚志从黄埔军校写来致同学信而引发的在哈尔滨轰动一时的"共产党案"。这起发生在哈尔滨的公案，远在黄埔的赵尚志似乎难以得知。

赵尚志在黄埔军校，通过紧张的训练和学习，进一步接受了革命教育，认识了科学的真理，了解了"联俄、联共、扶助农工"三大政策的新三民主义。同时，在学习中，他也真切地认识和掌握了理论与实际打成一片，方可免掉空想和盲动；若取得国民革命成功务须唤起民众；革命军唯一的特色就是有党纪相范、军纪相随，对于纪律能自觉遵守和服从，一个革命者必须有确定的革命人生观等富有寓意深刻、论点新鲜的革命原理。赵尚志在军校是一名活跃分子，每次参加讲演都有独到见解，特别是与孙文主义学会分子辩论问题时，他侃侃而谈，讲得头头是道，常常赢得同学们的喝彩。在黄埔军校里，赵尚志受到了大革命的洗礼和严格的军事训练，学习了较为系统的军事知识，初步掌握了军事术科训练和指挥作战的要领。

1926 年夏，国民党反动派在军校内贯彻所谓"整理党务案"，展开了大规模排斥共产党和左派势力，限制共产党员的活动。鉴于这种情况，根据东北革命斗争的需要，赵尚志被党组织派遣回东北。

据与赵尚志同在黄埔军校学习的李运昌(李芳岐)同志回忆:“1925 年 10 月，我从北京报考黄埔军校，开始编在入伍生第二团五连当战士。经过三个月锻炼后，又经考试合格编入军校第四期政治大队第二中队(按:《黄埔军校同学录》载为第三中队)。这时黄埔军官学校已改名为中央军事政治学校。在校本部领导下，共设步兵科两个团、四个特种大队，即:政治大队、工兵大队、炮兵大队、经理大队。我与赵尚志一起编在政治大队第二中队学习，并同住一大棚子里，他用竹子盖成的，可住一连人，几乎每天见面，每周举行孙总理纪念周时也一起去参加。我的印象，他当时表现思想很进步，但与我没编在一个党支部或党小组里。1926 年，蒋介石制造 3 月 20 日事件(中山舰事件)，紧接着又搞了 5 月整理党务案，限制共产党员在军队活动，并强迫中共党组织把在学校的党员名单交给国民党。从此以后，就没有再见到赵尚志了。到 1926 年 10 月黄埔军校举行第四期学生毕业时也没有见着他。”李运昌同志还说，“我现在确实记得赵尚志是与我同期同学，还同在政治大队，同住一个屋子(大棚子)，认得他的相貌。”

赵尚志仅在黄埔军校学习近半年时间，尽管未毕业，但短暂的军校生活是火热的。这段斗争生活给他留下许多美好的回忆。他曾对妹妹赵尚英说，黄埔军校生活十分紧张，吃饭也要在十分钟内吃完。尽管饭菜热得很烫嘴，也须如此。这使他干什么事也不得拖拖拉拉，培养了雷厉风行的作风。他还讲到在骑马训练时，花费了多少工夫。他个头矮小，动作迟缓，别人都骑上了，他还骑不上，急得不得了。但他经过刻苦训练，最终也能和同学一道策马扬鞭了。以后，他还与许多同志谈过他的这段富有意义的战斗生活。

赵尚志深知作为"漫漫长夜的一颗明星，一线曙光下的革命营寨"的黄埔军校中的一分子，在今后革命运动中的责任是何等的重大啊！

尽管在黄埔军校学习的时间很短，但赵尚志在这里打下了较为扎实的军事理论功底，这为他后来驰骋东北抗日疆场，率领抗日部队勇猛抗敌、屡获奇胜，奠定了基础。

第三节　回到东北

从广州回到哈尔滨后，赵尚志立即找到党组织，要求分配工作。时任中共北满地委书记的吴丽石听取了他的汇报，并向他介绍了当时哈尔滨的革命斗争形势。

“一毛钱饭店”旧址，赵尚志曾到此寻找党组织

根据党组织的安排，赵尚志在地委负责妇女工作。这对于年仅十八岁的赵尚志来说，还是很意外的，但他毫无怨言，欣然接受。与他同时在地委工作过的高伯玉曾回忆说：“他身材不高，体质不算太强，与同志们谈话态度和蔼，有时沉默寡言，但谈起问题来，则长篇大论，滔滔

不绝。”

1926年末，赵尚志被组织派往长春，协助当地党组织负责人韩守本（韩当时的另一个身份是吉林省国民党执行委员兼宣传部长）开展工作。到达长春后，赵尚志与韩守本一起进行筹建国民党吉林省党部的工作，计划以国民党的身份来推动这一地区的革命斗争。经过一段时间的努力，1927年2月20日，国民党吉林省党部成立，赵尚志任常务委员和青年部长。

1927年3月2日下午，赵尚志与韩守本因刻制国民党省党部的图章而被敌人逮捕。同年10月，为了恢复和发展东北地区的党组织，领导东北人民的革命斗争，中共中央北方局派陈为人到东北传达“八七会议”精神，筹建中共满洲临时省委。10月24日，东北地区第一次党员代表大会召开，选举产生了第一届中共满洲临时省委，领导奉天、吉林、黑龙江三省党务工作。陈为人任满洲临时省委书记，吴丽石任组织部长兼农运部长，胡步三任军委书记，省委机关设在奉天。中共满洲临时省委成立后，开始整顿、恢复和重建党的组织。到12月中旬，各地党组织得到了有效恢复，全东北共建有支部三十余个，党员总数一百七十余人。

小贴士

八七会议：第一次国内革命战争失败以后，中共中央政治局于1927年8月7日在汉口秘密召开紧急会议。会议批判和纠正了陈独秀右倾机会主义错误，撤销了他在党内的职务，选出了新的临时中央政治局，确定了土地革命和武装斗争的总方针，决定发动秋收起义。这次会议具有重要的历史地位，毛泽东提出了"枪杆子里出政权"的著名思想。给正处于思想混乱和组织涣散的中国共产党指明了新的出路，为挽救党和革命做出了巨大贡献。

1928年12月，东北政局发生重大变化，张学良通电全国，改旗易帜。随之，张学良被国民政府任命为"东北边防司令长官"。1929年5月，经过两年多铁窗生涯磨炼的赵尚志走出牢狱大门，回到组织的怀抱。

1929年下半年，党组织调赵尚志到奉天团满洲省委工作。此时，刘少奇任中共满洲省委书记，饶漱石任团满洲省委书记。团满洲省委在中共满洲省委的领导下，利用"中东路事件"，推动革命斗争的开展。党、团省委曾联合发表《为中东路事件告满洲民众书》，号召广大工人、农民、士兵及一切劳苦群众团结起来，反对帝国主义，反对军阀强占中东路，反对国民党，保卫苏联。赵尚志经常出入奉天青年学会、外交协会、通泽中学、东北大学、翠升艺术学院及银行等地方，与那里的进步青年接触，组织发动各界青年投身到这场反帝反军阀的斗争中来。

小贴士

东北易帜：日本关东军制造皇姑屯事件炸死张作霖之后，统治中国东北的奉系军阀将领张学良于 1928 年 12 月 29 日通电全国，宣布东北从即日起遵守三民主义，服从国民政府，改变旗帜(将北洋政府的五色旗换成国民政府的青天白日满地红旗)。此举标志着国民政府完成统一，以及北洋政府的正式结束。

中东路事件：1929 年 7 月，中苏之间因中东铁路的路权归属问题，苏军与东北边防军发生武装冲突，国民政府对苏宣战。大小战斗进行了数十次，后东北军战败。12 月 26 日，该事件以中方接受苏方提出的恢复中东铁路中苏共管的原状、双方释放被俘人员而宣告结束。这是迄今为止中苏历史上规模最大的一次武装冲突，其结局对于东北的局势乃至全国的时局产生了深远的影响。

1930 年 4 月中旬，赵尚志因在外交学会进行反帝宣传被捕，被关进奉天第一监狱。由于叛徒告密，他成为同期被捕者中的重点人物，被提审的次数最多，受刑最严重。但他毫不屈服，每次都挺胸叫骂，英勇斗争，以顽强的毅力激励同狱难友进行斗争。1931 年 12 月，经党组织多方营救，赵尚志等人被释放。

第二章　武装抗日　名震北满

第一节　反日宣传

1931年9月18日，震惊中外的九一八事变爆发。日本帝国主义以武力侵略中国，东北军误判形势而未加抵抗，撤出东北。日本关东军在几个月时间内，相继占领了沈阳、长春、哈尔滨、齐齐哈尔等大中城市和交通要道，三千万东北同胞陷入暗无天日、水深火热的深渊之中。

在中华民族生死存亡的紧要关头，中共中央于9月20日发表了《中国共产党为日本帝国主义强暴占领东三省事件宣言》。事变的第二天，中共满洲省委发表了《为日本帝国主义武装占领满洲宣言》，9月21日，又作出了《关于日本帝国主义武装占据满洲与目前党的紧急任务的决议案》。这些宣言，深刻揭露了日本帝国主义的侵略罪行和国民党实行不抵抗政策的可耻行径，号召人民群众罢工、罢课、罢市，发动游击战争，反对日本帝国主义的武装侵略，誓将侵略者赶出中国。

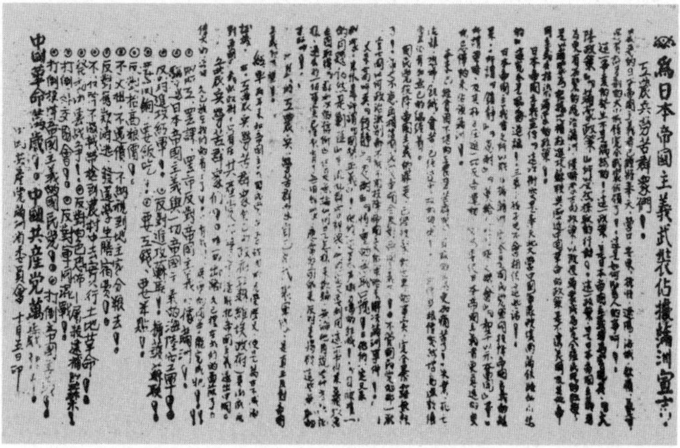
為日本帝國主義武裝佔據滿洲宣言！

中國革命萬歲！中國共產黨萬歲！

中共满洲省委发表的《为日本帝国主义武装占领满洲宣言》

在东北，随着九一八事变的爆发，中日民族矛盾已成为主要矛盾，国内阶级矛盾下降为次要地位，抗日救国成为各阶级、各阶层人民的迫切要求。在这种情况下，中国共产党的反日号召极大地振奋了中华民族的斗争精神。在亡国灭种的危机面前，一场声势浩大的反日爱国浪潮在东北大地迅速掀起。

小贴士

九一八事变：又称奉天事变、柳条湖事件。1931 年 9 月 18 日夜，在日本关东军阴谋策划下，日军守备队炸毁沈阳柳条湖附近日本修筑的南满铁路路轨，并栽赃嫁祸于中国军队。日军以此为借口，炮轰沈阳北大营。次日，日军侵占沈阳，后又陆续侵占了东北三省。此后，日本在中国东北建立了伪满洲国傀儡政权，开始了对东北人民长达十四年之久的奴役和殖民统治。

九一八事变是日本在中国东北蓄意制造并发动的一场侵华战争，是日本帝国主义侵华的开端。它同时标志着世界反法西斯战争的开始，揭开了第二次世界大战东方战场的序幕。

省港大罢工：1925 年 6 月 19 日为了支援上海人民五卅反帝爱国运动，广州和香港爆发了规模宏大的大罢工，此次罢工由共产党人邓中夏（中华全国总工会总书记）及苏兆征（香港海员工会）领导，以全国总工会名义，召集香港各工会联席会议，成立全港工团联合会，决议罢工。罢工历时一年零四个月，是世界工运史上时间最长的一次大罢工，这次大罢工有效地打击了英帝国主义在香港的经济统治。

赵尚志出狱时，正值东北各阶层民众掀起的抗日浪潮风起云涌之际。广大工人、农民、学生和东北军中的爱国官兵抵制不抵抗政策，纷纷举起义旗，组织、参加各种名目的“义勇军”“自卫军”“救国军”以及“大刀会”“红枪会”等抗日武装，勇敢地与日本侵略军拼杀，为反抗日本帝国主义的武装侵略进行英勇顽强的斗争。

中共满洲省委哈尔滨旧址

1931年底，中共满洲省委机关由沈阳迁到哈尔滨。省港大罢工的领导者之一、中共六届中央政治局候补委员罗登贤担任省委书记兼组织部长。

根据党组织的决定，赵尚志被留在满洲省委工作，任全满反日总会党团书记。

罗登贤

1932年3月1日，日本侵略者精心策划的伪满洲国在长春成立。为镇压人民的反抗，日本侵略者施以武力、制造白色恐怖。日军的暴行威胁着每一个东北同胞的生存。

赵尚志在罗登贤的直接领导下，以一个共产党员的坚定和气魄，积极投身到抗日斗争的战场。

为了动员更多的群众参加到反日斗争中来，赵尚志同省委其他同志一道废寝忘食地奔走于各工厂、学校做宣传鼓动和组织发动工作，动员工人、学生积极开展各种形式的反日斗争。为了扩大宣传，增加宣传鼓动力量，赵尚志还带上自己的弟弟赵尚武一道去开展宣传工作。在哈尔滨工人、学生较为集中的地方，如电车厂、卷烟厂、工业大学、医专、法专等地都留下了他的足迹。

这期间，赵尚志根据省委的指示，与以哈尔滨市商船学校教授身份为掩护、在省委秘书处工作的冯仲云（后任省委秘书长），一起到呼海铁路工厂向工人做宣传。

第二节　颠覆敌人火车

1932 年 4 月，日本侵略者大举向哈尔滨以东和以北地区进犯。反日义勇军与日本侵略者在北满展开激烈战斗。李杜、冯占海、邢占清所率义勇军直迫哈尔滨市郊。

为了痛击日本侵略者，呼应反日义勇军的斗争，振奋民众的抗日斗志，赵尚志根据党组织的指示，与哈尔滨商船学校学生、中共党员范廷桂在哈尔滨市郊成高子附近成功颠覆了一列日军军列。

这列火车上的日军是前往方正等地“讨伐”义勇军冯占海部的第二师团一部。2 月 5 日，多门中将率日本关东军占领哈尔滨，以李杜、冯占海为正副司令的吉林自卫军经过十余天的浴血奋战，不得不退守宾县、方正一带防守。多门师团为了讨回他们在占领哈尔滨时付出的惨痛代价，妄图趁自卫军立足未稳之机对哈东各县进行一次大讨伐。

4 月 2 日，一直在哈尔滨指挥作战的多门中将乘火车到达乌吉密。随行的有步兵第六十三联队、炮兵三中队、师团通讯队主力，并配备战车、装甲车各两辆。3 日，多门到达延寿后，立即指挥日伪军分左右两路于 4 日开始向自卫军总部所在地方正县城发起攻击。自卫军虽有所准备，但日军攻势猛烈，以山炮、野炮猛轰，加上有飞机助战，气焰十分嚣张。自卫军正面佯退，两翼包抄，日军大败。自卫军乘胜追击，日伪军受到重创，伤亡很大。当天下午，敌人增加援兵，自卫军鏖战终日，因弹药不足、伤亡较大，忍痛撤出方正，退往依兰。4 月 12 日，日军将被占领的方正县城交给伪军留守后，取道乌吉密乘火车“凯旋”。

地下党组织获得了这个重要情报，这批“凯旋”的敌人将要乘坐客货混编军车于 12 日夜里通过哈尔滨市郊成高子车站。赵尚志、范廷桂二人为确保完成组织交给的颠覆军车的任务，于当日下午化装来到香坊成高子车站附近进行侦查，选定了离成高子车站大约五百米远的一个涵洞作为破坏地点。这里路基比较高，下面是涵洞，地面距路轨有六七米。如果拆掉一节铁轨，敌人军列肯定会颠覆。夜幕降临，赵尚志与范廷桂悄悄来到铁道线上，迅速把固定铁轨的道钉拔了出来，拆掉一节铁轨，然后二人隐蔽到离铁路较远的树林中观察动静。22 时 45 分，一列军车从东向西飞驰而来，随着轰隆一声巨响，整列火车脱轨，掉到六七米深的路基下面。机车与五节客车、十节装载军用物资的货车车体摔得稀烂，货车里的军火发生爆炸，火光冲天，车内日本官兵死伤多人。消息传来，市民无不拍手称快。

日軍由方正向哈凱旋中
列車顛覆死傷者多

【哈爾濱專電】多門中將所部日軍兵車，由方正凱旋哈爾濱途中，十二日午後十時五十分許，駛至距哈東方十七公里之地點，被人設計顛覆，致有死者十一人，受傷者九十三人，又屯、日軍兵車顛覆，死者姓名如下，

陸軍大尉 淺野毅行
中尉 井上福一
曹長 小山武雄
一等計手 三木△郎
一等兵 中野木也
一等看護長 飯塚一英
一等鐵工兵 森山勳
上等兵 山本幸恒
上等兵 秋田孝二
上等兵 鈴木象治
上等兵 小川昭樹

奉天省指
本月

日伪对列车颠覆事件的报道

这次行动，打击了敌人的嚣张气焰，也呼应了反日义勇军的斗争，振奋了民众的抗日热情。

第三节　巴彦游击队

1932 年 5 月，中共满洲省委决定赵尚志任军委书记，专门从事组织、领导反日武装斗争工作。

为了广泛开展反日武装斗争，赵尚志根据省委关于支持、声援义勇军的指示，积极动员和组织党团员、爱国青年、学生到义勇军中去。哈工大、商船学校的一部分学生参加到马占山、苏炳文的军队中；还有一批热血青年工人和知识分子参加到农村的反日义勇军中。

中共满洲省委在积极支持、声援义勇军斗争的同时，明确提出了创建我党直接领导的反日武装，开展抗日游击战争的方针。根据这一方针，中共南满、东满、吉东、北满等地的党组织为创建党直接领导的反日武装开始进行极为艰苦的努力。党组织先后派出杨林、张贯一（杨靖宇）、童长荣、周保中、李延禄、张寿篯（李兆麟）、冯仲云、宋铁岩、曹国安等一大批党员干部分赴各地，采取多种形式发动群众，培养骨干，创建人民反日武装。

中共满洲省委决定由北满特委负责组织策动伪警备队的起义工作。赵尚志负责宣传鼓动工作。他通过省委秘密印刷厂，印制大量传单散发到警备队官兵手中。为了尽快将宣传品送到部队，赵尚志与罗登贤、冯仲云及冯仲云的妻子、地下交通员薛雯等，连夜赶制宣传品。

1932 年 5 月下旬，为了解各地反日斗争开展情况，中共满洲省委派赵尚志到哈北地区巡视。同月末，赵尚志来到巴彦县境内，找到张甲洲率领的反日武装——巴彦抗日义勇军。

张甲洲是黑龙江巴彦人。1932 年 4 月，他同中共河北省委、北平市委派遣的夏尚志、张清林、张文藻、于天放、郑炳文等几名正在北平的东北籍大学生回到东北组织反日武装。在中共满洲省委的支持下，他们在张甲洲的家乡巴彦县利用各种社会关系，联合民团、士绅、知识分子，于同年 5 月 16 日在七马架地方组织起一支有一二百人的反日队伍，命名为“巴彦抗日义勇军”。张甲洲任总指挥，王家善任副指挥。这支反日武装刚诞生时，因其领导层多是知识分子，被群众亲切地称为“大学生队”。而又因这支队伍举起反日旗帜，被伪县长视为“红匪”，命令军警进行围剿。不久队伍内部出现分裂，王家善率一部分队伍离去。张甲洲率领一部分奔赴东山里，单独活动。继而，他采取联合土匪、溃兵的办法，使部队又发展起来。

张甲洲

1932 年 5 月，中共满洲省委为了加强对这支反日武装的领导，决定派赵尚志到这支队伍中工作。赵尚志在这支反日武装队伍中任参谋长，化名李育才。因其年少、个头矮小，人称“小李先生”。

1932年6月初，赵尚志来到张甲洲领导的反日部队时，武装人员已有二百余人，整个部队有七八股土匪。赵尚志了解队伍的构成情况后，感到部队虽有很多土匪，但惯匪成分少，队员多来自田间的破产农民。因此，只要确定很好的策略方法，建立群众团体，开展农民工作，打击流氓惯匪及反动头目，就有转变成党直接领导的工农反日义勇军的可能。

为了把这支队伍建成党直接领导的抗日武装，赵尚志认为必须想办法使这支队伍发生根本转变。为此，他运用在黄埔军校学习的理论并联系部队的实际，提出“建立中心队伍”的建议。通过中心队伍带动，影响整个部队，使之成为脱离种种不良习气的党领导的人民抗日武装。这一建议得到张甲洲的赞同。于是，以建立“模范队”名义，从各队抽调出二十名年纪轻、品质好、体格壮的战士，将中心队伍组建起来。模范队军纪要求特别严格，战斗中要冲锋在前，退却在后。干部战士不许说土匪黑话，长官不许有军阀作风，官兵不许损害群众利益。全队要处处发挥先锋作用，成为全军的中坚和榜样。

随着反日斗争的开展，巴彦游击队逐渐壮大起来。为了打击日本侵略者扶植起来的伪县政权，振奋民众反日斗志，指挥部决定联合其他反日武装共同攻占巴彦县城。

1932 年 8 月 30 日，巴彦游击队指挥部派人与活动在巴彦东北老黑山的抗日武装马占山部所属才鸿猷团（简称“才团”）和在木兰蒙古山活动的山林队“绿林好”取得联系，决定三方联合，共同攻打巴彦县城。

在反日部队的联合进攻下，巴彦县城很快被攻破。部队进城后，严守群众纪律，不许骚扰、抢夺城内居民财物，派出战士开展宣传工作，撒传单、贴标语、组织演讲团，揭露日军罪行，号召群众抗日。打开伪县公署粮仓，赈济贫民。广大青年纷纷要求加入抗日队伍，巴彦反日游击队迅速发展。鉴于“才团”与“绿林好”串通一气，妄图吞并巴彦反日游击队，张甲洲和赵尚志及时识破他们的阴谋，率队撤出巴彦县城，将队伍带到巴彦县北部姜家窑七马架一带进行整训，准备新的战斗。

同年 10 月，根据满洲省委的指示，巴彦反日游击队改编为中国工农红军第三十六军江北独立师。

为开辟新的游击区，解决枪支和部队御寒物资问题，红军第三十六军江北独立师决定攻打东兴设治局。由于独立师采取声东击西的战术，敌人毫无防备，仓促应战，部队顺利占领东兴。占领东兴的第三天，敌人开始疯狂反扑。因独立师领导人缺乏对敌斗争经验，没有彻底清除城内残敌，敌人趁机挑动红枪会和地主武装向独立师进攻，激战中，队伍伤亡很大。赵尚志左眼受伤，夏尚志左腿负伤，三十余名战士牺牲，部队突围后，撤出战斗。

东兴战斗后，赵尚志离队治伤。在此期间，由于敌人的围剿和自身成分复杂等原因，红军江北独立师解体。

部队解散后，赵尚志等到中共满洲省委汇报工作，满洲省委以赵尚志执行右倾机会主义路线，拒绝检查错误为由，将其开除党籍。

第四节 打入“朝阳队”

赵尚志被开除党籍后，并没有气馁，在向党组织申请恢复组织关系的同时，继续开展抗日斗争工作。1933 年 3 月，赵尚志来到宾县，找到在这一带活动的抗日义勇军——孙朝阳领导的“仁义军”。

孙朝阳原名孙兴周，热河朝阳人，曾任马占山部龙江骑兵第二旅营长。1932 年秋，在宾县率部反日，队伍报号“朝阳”，他本人也被称为“孙朝阳”。

赵尚志打入朝阳队后，开始在该队当马夫。他利用空闲时间和士兵们凑到一起谈古论今。士兵们都觉得他挺有文化。不久,孙朝阳部队遭到日伪军的三面包围,众人一时都束手无策。危急时刻,赵尚志提议主动出击攻打宾县县城,这样才能变被动为主动,寻机跳出包围圈。孙朝阳听到后感到很有道理,便把这位不知姓名的小马夫请来参加军事会议。赵尚志全面分析了敌我双方的形势,提出攻打宾县的作战方案,并毛遂自荐带队出击。孙朝阳被赵尚志客观的分析和必胜的信心折服了,决定把攻打宾县县城的指挥权交给他。部队按赵尚志的作战计划进行了编配,由他带领一支精干队伍攻打县城。经过激战,赵尚志率部从西门破城而入,攻占县城。日伪军得知宾县失守的消息大为恐慌,急忙调兵增援。当围困孙朝阳部队的敌人赶来增援宾县后,赵尚志已顺利撤出。孙朝阳也带大队人马突出敌围,转危为安。攻打宾县县城一战,使孙朝阳对赵尚志的军事指挥才能非常佩服,委任赵尚志为参谋长。

1933 年 6 月,中共珠河中心县委派县委委员李启东及李根植等七人打入"朝阳队",进行秘密工作,以组建党独立领导的反日武装。

赵尚志很快与李启东等人取得联系。为了更有力地推动部队坚持反日,积极开展对敌斗争,赵尚志工作重点侧重对内上层,李启东做下层工作。

宾县县城——宾州镇

1933年8月，孙朝阳在赵尚志的协助下，联合数支反日义勇军、山林队攻占了宾县县城。此战在周边地区产生很大影响，一时间，各义勇军、山林队纷纷来投奔“朝阳队”。孙朝阳的部队扩大到七百四十余人，成为哈东地区一支重要的反日力量。

日伪统治者为了扑灭哈东地区的抗日烈火，加强了对珠河反日军民的镇压。敌人采取“剿”“抚”结合的政策，一方面向义勇军大举进攻，一方面派出奸细走狗到义勇军中进行劝降。一些抗日立场不坚决的义勇军和山林队先后投降了敌人。孙朝阳也发生了动摇，并对赵尚志的身份产生了怀疑。

在这种情况下，赵尚志和李启东商量，脱离“朝阳队”。1933 年 10 月 4 日，赵尚志、李启东等七名同志携带五支马步枪、五支手枪和一挺轻机枪乘夜脱离了孙朝阳的部队，前往中共珠河中心县委所在地——六道河子。

第五节 珠河游击队

珠河地区有着较好的反日基础。到 1933 年秋，全县有七个中共支部，一个特支，九十四名中共党员，六十三名共青团员，反日会员达一百二十八人。同时，在珠河县、区还聚集着一大批优秀的党团干部，如县委书记关化新，县委组织部长李福林，县委秘书长金策，县委秘书侯启刚，县委委员、兵委负责人李启东，县委妇女部长李秋岳，黑龙宫特别支部负责人李熙山，团县委书记马宏力，团县委组织部长朱新阳，团县委巡视员蔡近奎等。

赵尚志与珠河中心县委取得联系后，县委决定在赵尚志等七人的基础上，增派李福林、朱新阳等六名同志，筹建珠河反日游击队。

这时，正在珠河巡视工作的省委军委负责人张寿篯得知这个情况后，便亲切与他们相见，同时向他们传达了1933年1月26日《中共中央给满洲各级党部及全体党员的信》（简称《一·二六指示信》）和省委扩大会议关于接受《一·二六指示信》决议的精神。

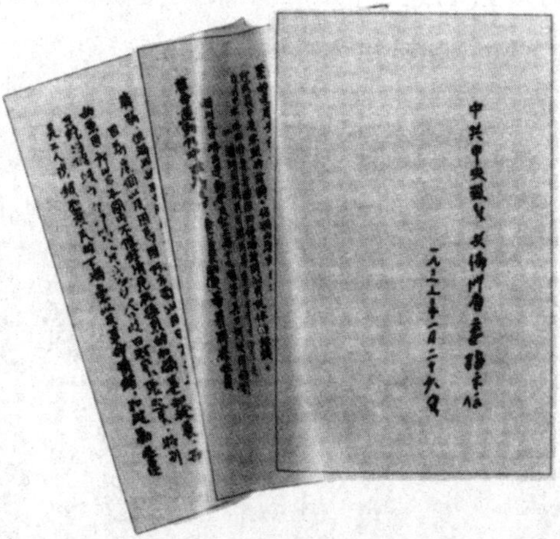

“一·二六”指示信

1933年10月10日，在珠河县三股流，珠河反日游击队正式成立。赵尚志任队长，李福林为政治指导员。他们决心“誓死武装东北三千万同胞，驱逐日寇海陆空军滚出满洲，为中华民族的独立、解放奋斗到底”。在成立大会上，他们还给杨靖宇领导的南满东北人民革命军第一军发了贺电。

珠河游击队成立后，为了使部队站稳脚跟，不断发展壮大，打开斗争局面，使部队获得赖以生存的群众基础和进行修整、训练的后方基地，赵尚志决定建立抗日根据地。

根据县委决定，赵尚志率领反日游击队首先以三股流、石头河子为基点，开始展开深入发动群众，建立根据地，反对日伪统治的抗日武装斗争。

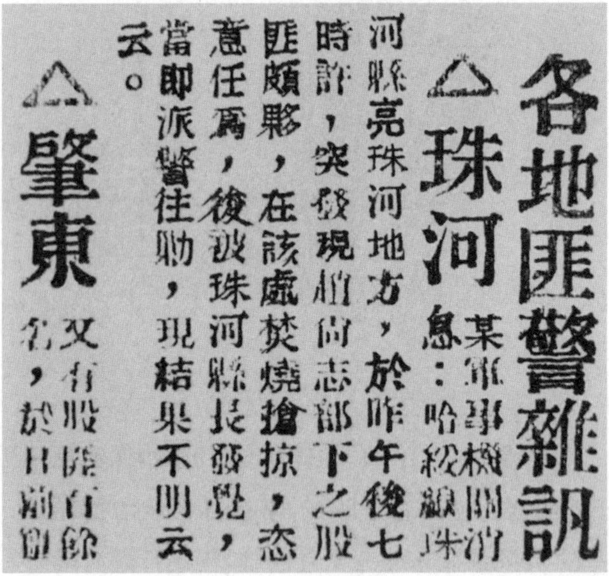
各地匪警雜訊

△珠河

某軍事機關消息：哈綏線珠河縣亮珠河地方，於昨午後七時許，突發現趙尚志部下之股匪頗夥，在該處焚燒搶掠，恣意任爲，復被珠河縣長發覺，當即派警往勦，現結果不明云云。

△肇東

又有股匪百餘名，於日前[illegible]

日伪报纸关于赵尚志部频繁活动的报道

当时在三股流和石头河子一带有许多三五成群的被群众称为“孤丁”“小线”的土匪。他们夜起昼散，打家劫舍，不反日反而骚扰百姓。根据群众要求，赵尚志率游击队在柳树河子、土豆甸子、双马架等地抓住并处决了十余个土匪，群众无不拍手称快。

紧接着，赵尚志又以反动的伪警察署（所）和汉奸地主大排队为目标进行了一系列斗争。

小贴士

大排队：以户为单位编组，设户长；十户为甲，设甲长；十甲为保，设保长。户长须一律签名加盟于保甲规约，并联合甲内户长共具联保连坐切结，声明如有“为匪通匪纵匪”情事，联保各户，实行连坐。每个保都有自己的自卫武装，俗称大排队，主要作用是为了看家护院，防止胡匪的抢劫、盗窃，实行屯、保联防。大排队人数为数十人不等，大排队队员要进行简单的军事训练。

1933年10月至12月间，赵尚志率队先后缴了三股流西五甲、苇塘沟、二道河子、东五甲、板子房、张家湾等地伪警察署(所)和反动地主大排队的枪械，惩治了数名汉奸走狗。

1933年12月上旬，驻守乌吉密的日伪军约四十余人前来围剿新组建不久的珠河游击队。赵尚志指挥游击队员与日伪军在罗家店西沟展开激烈战斗。

这些斗争为开辟以三股流为中心的反日游击区，建立根据地扫清了障碍。同时，其影响也波及周围义勇军和山林队。孙朝阳部队的刘海涛率十余人慕名前来投奔珠河反日游击队。

赵尚志十分注意游击队的纪律和部队与群众的关系。他给部队制定的纪律是：听从指挥；不许打骂群众；不许向群众耍态度；不许随便拿群众的东西；不许抽大烟；不许讲土匪黑话等。游击队每到一地，就向老百姓宣传抗日救国的道理。此外，他们还积极主动地帮助老乡挑水、劈柴、干农活。严格的军纪，坚定勇敢的抗日行动，赢得了老百姓的信任和拥戴，他们把游击队当成是自己的队伍。每当出战回来，群众都争相把队员请到家里吃住，妇女则给游击队员洗衣服和缝补衣服，青年农民自愿给游击队站岗放哨。

在广大人民群众的大力支持下，珠河游击队的政治影响力迅速在当地扩大起来。他们在三股流不仅站稳了脚跟，而且得到了发展。到 1933 年末，游击队已发展到六十多人。同时，在县委的领导下，他们又发展了七八十名反日会员，建立起一支农民自卫队。以三股流为中心的抗日游击区和根据地建立起来了。

第六节　反日联合军

随着珠河游击队的发展壮大，其影响在抗日义勇军和山林队中也日渐提高。赵尚志在率领反日部队作战的同时，也十分注意与周围抗日武装的关系。

当时，在珠河一带有多股义勇军和山林队，如“九江”“容易”“跨海”“双盛”“白龙”“压东洋”“爱国”“爱民”等大小三四十股。这些反日队伍的成分和基础各不相同，他们虽有抗日的一面，但其土匪的本性也还不同程度地存在着。

为了克服、阻止他们扰民，团结这些武装力量，利用、发展其抗日的积极性，与他们结成广泛的反日统一战线，共同对敌就成为珠河游击队需要解决的重要问题。

1934 年初，日伪当局大肆收缴民间枪支，收降“胡子”

"大排"及义勇军，妄图扑灭遍布东北各地的抗日烈火。在这种形势下，为了推动珠河、五常一带的义勇军和山林队继续坚持抗日，赵尚志做了大量团结和争取他们的工作。除了向他们宣传联合抗日，一致对敌才能站稳脚跟打败日本侵略者之外，他还将每次的战利品分给积极抗日的义勇军和山林队。这些办法促使活动于珠河、五常一带的"长江好""北来"等义勇军及大排队都主动前来找赵尚志，表示愿意与反日游击队接近，建立关系或要求改编。

根据这种情况，中共满洲省委要求珠河中心县委和游击队在巩固和扩大现在游击队的基础上，应当号召一切义勇军和红枪会，与群众基础较好的抗日队伍结成反日作战协定。

1934 年 3 月，赵尚志与"北来""七省"等义勇军首领在侯林乡举行联合军会议。决定在不投降、不卖国，反日到底；没收日本帝国主义及其走狗的一切财产和土地充作战经费；保护群众利益，武装群众，共同反日等三项条件下达成联合抗日的协议。同时决定成立东北反日联合军司令部，赵尚志被推举为总司令。

1934 年 4 月 1 日，中共满洲省委做出《关于红五月工作决议》，要求人民革命军和赤色游击队要组织和领导更多的反日义勇军，共同作战，扩大反日统一战线，胜利粉碎敌人的“讨伐”。

1934年4月，赵尚志召集“北来”“白龙”等义勇军，决定共同进攻黑龙宫。

黑龙宫原属延寿，是日伪当局设在道北地区的一个据点。为拓展游击活动区域，必须铲除此地的反动武装。

4月末的一天，赵尚志率游击队与其他义勇军共四百余人，一起向黑龙宫发起进攻。在反日游击队的强大火力下，敌人遗弃十余具尸体后仓皇溃逃。之后，他们又先后攻入和占领了北围和五区小街。道北地区的敌人据点被全部清除，游击队也在不断战斗过程中发展到一百三十多人。

共同作战的胜利使珠河、五常等县的伪警察和大排队更加动摇，许多义勇军和山林队进一步靠近珠河游击队，要求投入到反日联合军中来。秋皮囤大排队的炮头黄英(即黄炮)看到联合军日益强大，也开始向游击队靠拢，表示要参加反日联合军。

1934年5月初，赵尚志在五区小街主持群众反日大会，欢迎“黄炮”等率队参加反日联合军。大家一致同意在三项条件下，为了抗日大目标而联合起来，共同打击日本侵略者。

第七节　木炮打宾州

1934 年 3 月 8 日，依兰县土龙山爆发了农民反日大暴动。为了镇压这股反日力量，3 月 10 日，日本关东军第十师团大佐饭冢朝吾带领几十名日伪军前来讨伐暴动队伍。在白家沟，暴动队伍设下埋伏，给敌人以猛烈痛击，饭冢被击毙。不久，暴动农民成立了民众救国军。

小贴士

土龙山暴动：九一八事变后，日本侵略者为巩固对东北的统治，计划将百万日本人武装移民到东北，并将依兰、桦川、勃利三县交界作为移民首区。这些日本移民不是难民，也不是仅仅为了谋生，而是日本侵略者开疆拓土、企图永久侵占中国领土的阴谋。侵略者抢占当地人的土地、没收民间枪支、迫使当地人离土丧家，可谓无恶不作。

1934 年 3 月 8 日，土龙山人民在各保保长谢文东、景振清、曹子恒、张魁武、马海亭、冯秉臣等领导下，汇合各路武装农民 2000 多人举行暴动抗日，先后击毙饭冢大佐、伪警大队长盖文义，重创日本广濑师团，打响了农民武装抗日的第一枪。

为了与土龙山农民反日暴动相呼应，打击日伪军，赵尚志与各义勇军首领议定，联合进攻哈东重镇宾县县城——宾州镇。这次战斗史称“木炮打宾州”，是赵尚志指挥反日联合军进行的一次规模较大的战斗。

1934年，在五区小街召开的反日联合军会议结束后，珠河东北反日游击队队长、反日联合军总司令赵尚志率领反日游击队（一百三十人）和“黄炮”“铁军”“朱万金”等义勇军共一千五百余人，拉起长达十余里的队伍，浩浩荡荡杀向宾县县城——宾州镇。

宾州是哈东重镇，距哈尔滨仅六十公里。这里是日伪当局在哈东地区设置的重要据点之一。赵尚志在孙朝阳部队时曾率队打进过一次。之后，敌人加固了城防设施。该城周围设有炮楼、暗堡等工事。在各炮台之外，皆设卡为营，城壕上边设有电网，城防设施十分坚固。

5月初，因一部分义勇军至宾县新开道一带活动，敌人已作防守准备。7日，义勇军部队进至对店屯，宾县伪警务局长沈溺濂遂将在外巡剿的警备大队全部调回，增加了城防力量。

反日联合军进攻之前，赵尚志打电话给宾县伪县长李春魁，令其向反日联合军投降，迎接反日部队进城。因争取无效，于是决定武力解决。李春魁对反日联合军要来攻城，惊恐异常，即派木谷吉弥参事官亲赴哈尔滨向日伪当局求援，同时饬令警务局长沈溺濂严加布防。

5月9日上午10时许，赵尚志率反日游击队先行来到距县城不远的杨家烧锅驻地。这时，有消息说，宾县伪警备队前来进攻反日军。赵尚志听罢，便率游击队四十人在城南驼腰岭与伪警备队展开了战斗。

开始时，敌人占据附近一高地，反日游击队位于北小岗之下，地势非常不利。为扭转局势，赵尚志派数名队员引诱敌人离开高地，而他率三十余人向北小岗上迂回。敌人果然中计，为追击几名游击队员而离开高地。赵尚志便率队顺利占据北小岗。于是，形势发生有利于反日游击队的变化。赵尚志指挥游击队员向敌人猛烈射击，当即毙敌十余名。而后敌人亡命逃归，我军即追击，追至宾县城下，仅迟三十余步，不然即冲入城内。下午2时，反日联合军各队人马均已来到宾州城外，在赵尚志的统一指挥下将宾州镇包围。根据赵尚志确定的攻城计划，反日联合军分东、南、西三路进军，主力放在攻打南门上，由赵尚志亲自指挥。北门留作敌人逃跑之路，并派一队在北门外埋伏截击。

掌灯时分，各部武装开始分头行动，猛烈攻城。战斗中，游击队和义勇军不断发起政治攻势，想瓦解敌军。战士们大声向敌人喊话，规劝他们不要当亡国奴，要调转枪口打日军；劝说守城敌军放下武器，向反日联合军投降。但敌军不理，反而拼命向城外射击。由于反日联合军人多势众，进攻猛烈，城内守敌异常惊恐，在一小时之内竟向哈尔滨打七次告急电话，请求日伪当局迅速增援。

反日联合军攻城部队为打开突破口，用一门木制大炮轰城。据传这门大炮是用湿柳木包着一根粗铁管制成的。炮身长约六七尺，炮口内径约半尺多，外面用五道铁箍紧紧箍住，并用粗铁线一道道缠好。炮身架在一辆炮车上。这尊木炮能装十多斤火药，三四十斤碎铧铁及大秤砣等物。这尊蕴含着许多智慧的木炮在攻城战斗中发挥了巨大威力。随着木炮震天轰响，南城门旁的炮楼被打中，坯瓦七零八落，又接连一声，城墙被轰破一角。这时，游击队少年连十余名战士冒着危险，在硝烟中顺着木炮轰开的缺口冲入城内。此时，我军的冲杀声，敌我双方子弹的呼啸声交织在一起。据一位游击队少年连的战士回忆，勇敢的少年连战士冲进城内后，闯进靠南门附近的一伪警察所，只见十几名伪警察或跪或卧，抱着头，浑身发抖。战士们让他们赶快站起来，他们指着桌子上一个带火药味的东西，胆怯地说："快要爆炸了。"战士们一看，原来是攻城时，木炮打进来的铁秤砣。十余名少年连战士冲进城内一里地左右，后因大部队未能攻入城内，旋而退出。

次日上午 9 时左右，正当反日联合军与敌人激战时，由哈尔滨调来的数百名日伪军增援部队沿满家店方向急速向宾州镇扑来。同时又有几架飞机前来轰炸扫射。义勇军部队见此情形，纷纷退去。鉴于敌人援兵已到，义勇军已退走很多，为避免游击队遭受严重损失，赵尚志命令停止进攻，有秩序地撤离阵地。撤退途中游击队员用机枪击落低空盘旋的敌机一架。

由日本人经营的《盛京时报》对此战曾报道说："'匪首'赵尚志带领一千余众于 9 日下午 2 时半分三路蜂拥扑来。该'匪团'凶悍异常，愈逼愈近，遂将县城包围，开始猛攻，守城警团亦努力还击，杀声震地，炮火连天。"

攻打宾州城的战斗是赵尚志指挥的一次较大规模的战斗。由于赵尚志事先给伪县长打了电话令其投降，使敌人对我军的攻击有了一定准备，又由于大批敌军出援并有飞机来袭，加之反日联合军缺乏联合作战经验，未能完全实现作战目的。战斗中，只是游击队少数队员攻进城内至大桥南，而大部队未能攻入城内占据县城。尽管如此，作战中，赵尚志沉着果断地指挥，反日联合军的英勇顽强，给敌人造成了极大的恐慌。中共珠河中心县委在给满洲省委的一份报告中谈到这次战斗时说："战斗进行中，我军一面唱歌，一面呼口号，精神百倍。甚至城中的敌人也呼好，并命令士兵不要打。作战的一天一晚，许多农民给我们送饭，并送来走狗名单……”这说明游击队和义勇军的联合作战深受群众拥护，令日伪胆寒。这次战斗敌人死伤七八十名。游击队牺牲二名，受伤四名，被捕一名。

盛京時報

殷匪一度包圍賓縣詳誌

未得其逞 傷亡而退

綠化首都 各公園植樹十萬株

省公署 救濟災黎

《盛京时报》关于赵尚志率部攻打宾县县城的报道。

攻打宾州城之战，极大地震慑了宾（县）、五（常）、双（城）、阿（城）一带的敌人。经过此战，进一步扩大了党领导的游击队的影响。“木炮打宾州，声威震敌胆”，这场哈东反日斗争中游击队、义勇军的联合战斗，长期以来一直被传为美谈。

第八节　三岔河突围

赵尚志率领部队每到一个新地方就向民众，包括地主豪绅大户宣传抗日救国的道理。为了团结一切可以团结的力量，共同进行反日斗争，赵尚志提出了“家有百万之富，只要不是日伪走狗，不反对反日军，我们决不限制”的口号。并号召他们有钱出钱，有枪出枪，支持游击队、反日联合军打击日本侵略者。广泛的抗日宣传实现了预期的效果。游击队和反日联合军得到了更多民众的拥护和支持，许多豪绅地主都打开院门欢迎游击队、反口联合军。他们采取多种方式向部队提供帮助，有的捐物捐款，有的主动献枪或给游击队、反日联合军通报敌情。

1934 年 6 月，赵尚志率反日联合军来到宾县三岔河（今三宝乡）开拓新的抗日根据地——“红地盘”的区域。北方初夏，天气晴朗。蔚蓝的天空，飘着几缕白云；杨柳展叶，鲜花吐蕊，漫山遍野散发着迷人的气息。

三岔河位于宾县县城宾州镇东部三十余里。这里有数家大地主，各家都有整齐的高墙院套，设炮台，配备有不少枪械。反日联合军开进三岔河后，即分别驻扎在三门高家、三门柴家、三门王家屯等地。

6月6日，为动员地主大户支持抗日，联合军司令部在三门柴家召集群众会议，号召大户人家献枪、献子弹，有钱出钱，有物出物，打击日本侵略者。经过动员，多数地主大户都深明大义，响应号召捐献枪支子弹。三岔河大排队队长李靖远还表示要率队参加反日联合军。但拥有许多枪支的田家油坊对联合军的号召却置之不理。

在会上，赵尚志问三门王家屯户主王梦复："田家油坊有多少枪？"王梦复说："没多少。"赵尚志说："没多少？我们从他们那过来时，看见枪杆支得跟高粱楂似的，最少也有五十棵。"

赵尚志决定对联合军号召置若罔闻的田家油坊采取强硬措施，令其捐献枪支弹药，逼迫其出来参加抗日。

不料，有汉奸将反日联合军在三岔河的活动向敌人做了报告。次日中午，突然有来自宾县、珠河、哈尔滨的日伪军六百余人从西、南两路来到三岔河，攻打反日联合军。一时，形势异常紧张。

战斗首先在八里岗打响。驻扎在附近的"九江""白龙"队与伪哈尔滨警备旅第四教导队交火。"九江""白龙"队边打边退，到元宝沟后，撤进山里。驻扎在田家油坊附近的"黄炮"队见敌人来势凶猛抢先逃跑。此际，正在柴家大院开会的赵尚志、张寿篯等司令部人员听到西边枪响后，立即部署战斗。根据赵尚志布置，张寿籛率队伍到岭东三门高家一带阻击由元宝河方向来的敌人。赵尚志率骑兵队和一中队去田家油坊增援。赵尚志率队去田家油坊途中与敌相遇。经激战，予敌以一定打击后，率部至“铁军”驻地三门王家。结果，赵尚志及所率部队被包围在王家大院。

此时，敌人用大炮、机枪等重火力不断向王家大院方向猛轰猛射，住在东院的“铁军”见势不好，拼死冲出，于是东院失守。驻在中院院内的赵尚志及所率骑兵队与一中队暴露于敌人火力下，处境十分危险。为摆脱危险境地，赵尚志命令要坚决夺回东院，占领东院炮台。游击队战士数次搭上木梯欲越过高墙夺回东院，但均因敌人火力过强未能成功。见此情形，赵尚志急中生智，带领数名战士将院墙底部掏空，钻入东院，与占据东院的四五个敌人展开肉搏。在赵尚志正确、果断的指挥下，东院敌人终被消灭，东院炮台被我军占领夺回。随后，凶恶的敌人又数次发起疯狂的进攻，但都在我军的英勇抵抗下未能得逞。

战斗中，游击队骑兵队长李根植异常英勇。赵尚志指到哪里他就打到哪里。他一人就击毙敌人十八名。激战中，他为了夺取敌人机枪，冲向敌阵，不幸胸部中弹，英勇牺牲。李根植的牺牲燃起了战士们炽热的胸中怒火。大家都要与敌死拼，为这位游击队创始人之一的骑兵队长报仇。被敌围困的游击队员在赵尚志率领下愈战愈勇，机枪射手扛着机枪从这边跑到那边，向敌人猛烈射击。敌人数次进攻皆被击退。激烈的战斗持续数小时，下午时分，我军弹药已不多，敌人仍在继续进攻，司令部处境越来越危险。一些战士要求突围，赵尚志对战士们含泪相劝："白天说什么也不能往外冲，要坚守阵地。不然，一出大门就等于送死。要坚持到天黑就会有办法。"战士们在赵尚志的鼓励下精神振奋，强忍饥渴，在炮火硝烟中，坚持战斗，固守阵地。

夜幕降临，已坚持大半天激烈战斗的骑兵队、一中队战士在赵尚志的指挥下，奋勇出击，突破敌围。恰在这时，张寿篯率援军赶到，义勇军"九江"部也赶来支援。此时，敌人前后两面遭受夹击，死伤骤增，只得撤退。赵尚志与骑兵队、一中队终于脱离险境。

三岔河突围战是珠河东北反日游击队建立之后进行的一次最为激烈的战斗。这次战斗是场硬仗、恶战。"战斗之剧烈据说是从来未有的。敌人发射了一百八十多发炮弹，仅院中就中五六发。"这次战斗，我军击毙敌人八十余名，击伤三十多名。游击队牺牲的除骑兵队长李根植外，还有早期队员朴吾德。

敌人撤退后，游击队移住三门高家。次日清晨敌人又来攻袭。游击队及义勇军在三门高家西岗与之激战两小时后，旋退至靰鞡草沟。第三天，敌人又来进攻，与“九江”队开火。赵尚志率队前去助战，敌人闻风逃遁。

三岔河以及靰鞡草沟战斗历时三天两夜。游击队、反日联合军在赵尚志的指挥下，顽强战斗，终于突破敌围。以后，每逢反“讨伐”战斗，赵尚志就常说：“一定要到敌人的包围圈外作战，无论如何不能叫敌人围住。”三岔河战斗以较小的代价（牺牲两人，伤三人）予敌以沉重打击，赢得了突围的胜利。这次突围战和靰鞡草沟战斗是自九一八事变大规模义勇军斗争失败后，两三年之久首次出现的由中国共产党领导的抗日军队，在敌我双方力量悬殊情况下进行的一场激烈战斗。赵尚志以顽强不屈的精神，指挥部队给伪军教导队和日军以致命打击，粉碎了敌人所宣传的“东北已无抗日队伍”“抗日军已被消灭”的谣言，增强了广大民众的抗日信心和决心。这一战斗的胜利扩大了游击队、反日联合军的声威，在哈东地区的山林队、义勇军甚至在伪军中都产生了很大的影响。许多山林队、义勇军战士说：“游击队才是真正的抗日队伍”“日本鬼子来了真敢打”。表示甘心接受游击队领导，愿意加入反日联合军。一些具有民族意识的伪军也愿与游击队建立联系,其士兵在我游击队“中国人不打中国人”的口号下,消极厌战。对于这一战斗的影响,中共珠河中心县委在给省委的一份报告中曾说:“宾县三岔河战争以后,满洲国士兵也叫好。虽然打死了许多士兵,还说我们是对的,我们才算中国人。士兵见了我们的传单,跪下来叩头。十站街上的满洲国士兵学会了我们的歌,偷子弹愿意贱价卖给我们。满洲国士兵希望参加我们的群众会,甚至一面坡、珠河的敌人秘密派人来联络,并说可以代我们募捐……”由此可见三岔河一战影响颇大。

自三岔河战斗后,日伪当局更加注意赵尚志所领导的珠河反日游击队和他指挥的反日联合军。敌人开始称珠河反日游击队为“北满治安的一大祸患”。

第三章　转战哈东　连战连捷

第一节　组建哈东支队

1934年，日本侵略者在东北进一步加强殖民统治。为了镇压哈东地区的抗日活动，在这一带派驻大量日伪军，珠河铁路沿线还有许多白俄兵。此外，一些反动的地主大排队也与反日军对抗。

敌人的镇压不能阻挡哈东地区人民群众的反日斗争。赵尚志领导的珠河游击队在对敌斗争中已成为各反日武装队伍中最坚强和最具战斗力的队伍。在同反日义勇军数次联合作战中，已充分显示出它的领导和骨干作用。

为了加强对哈东地区抗日工作的领导，1934年3月，中共满洲省委派刚从南满巡视回来的晓孟（韩光）以团省委特派员的身份到珠河工作，任团县委书记。晓孟到珠河后，把杨靖宇部队中进行反日统一战线的工作经验传给珠河县委和赵尚志。这些经验对赵尚志启发非常大，他意识到，要将更多的反日义勇军置于党的领导之下，就必须把积极靠拢游击队的反日义勇军、山林队和大排队予以改编，组成一支统一领导和指挥的反日部队。

1934 年 6 月 29 日，东北反日游击队哈东支队在乌吉密柳树河子宣布成立。哈东支队是在反日联合军的基础上，以珠河东北反日游击队为核心，吸收反日义勇军、山林队组成的。哈东支队设司令部，赵尚志任支队司令，张寿篯(李兆麟)任政委(代理)兼政治部主任。

哈东支队成立后，以总队为单位分别开展活动。赵尚志率第一总队及炮队、教导队、少年队、骑兵队开赴宾县三岔河一带，开辟新的游击区。在此期间，赵尚志派第一总队第一大队赴道南二道河子、八家子一带与考凤林等义勇军一起活动。7 月 6 日，他们集中四百余兵力，乘雨夜攻袭五常县城。战斗中，哈东支队游击队员率先攻入城内，他们砍倒电线杆，割断电话线，逼近敌人宿舍附近。但因各义勇军没按计划行动，加之日伪军拼命顽抗，哈东支队和义勇军仅占据县城三小时，便不得不撤出。

五常县城被哈东支队攻袭后，敌人异常恐慌。为防止反日武装的袭击，日伪机关加强了防范，各小镇的城门也派重兵把守，唯恐遭到不测。

哈东支队第二总队、第三总队按照赵尚志的部署在中东路滨绥线南北两侧与一些反日义勇军联合，共同开展游击活动，频频袭击敌人军车、线路，使敌人交通运输受到严重破坏。

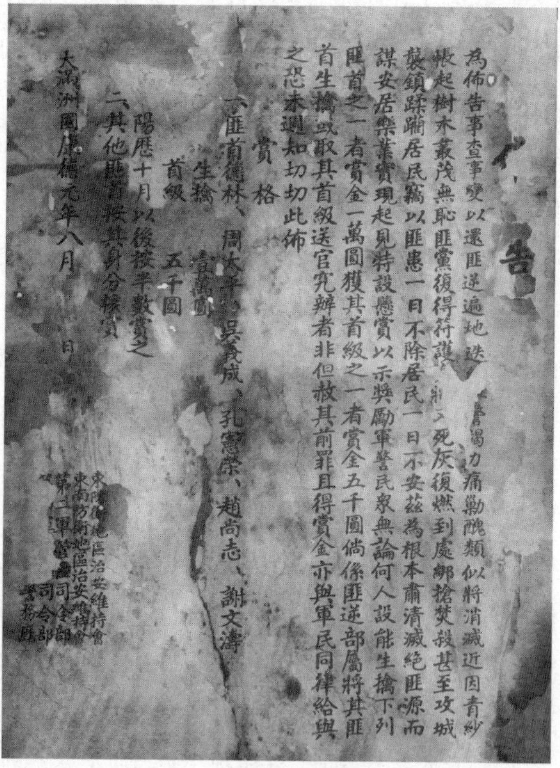
佈告

為佈告事查事變以還匪逆遍地迭經竭力痛勦醜類似將消滅近因青紗帳起樹木叢茂無恥匪黨復得猖獗死灰復燃到處擄搶焚殺甚至攻城襲鎮蹂躪居民竊以匪患一日不除居民一日不安茲為根本肅清滅絕匪源而謀安居樂業實現起見特設懸賞以示獎勵軍警民衆無論何人設能生擒下列匪首之一者賞金一萬圓獲其首級之一者賞金五千圓倘係匪逆部屬將其匪首生擒或取其首級送官究辦者非但赦其前罪且得賞金亦與軍民同律給與之恐未週知切切此佈

賞格

一、匪首德林、周太平、吳義成、孔憲榮、趙尚志、謝文濤

生擒 壹萬圓

首級 五千圓

陽歷十月以後按半數賞之

二、其他匪首按其身分核賞

大滿洲國康德元年八月 日

東南防衛地區治安維持會

第二軍管區司令部

警務廳

日伪悬赏捕杀赵尚志等抗日将领的布告

赵尚志指挥的东北反日游击队哈东支队以卓有成效的游击活动使日伪当局在北满的统治受到很大威胁。敌人闻风丧胆、恐惧异常。当时伪军一提赵尚志，则谈虎色变，在日军中竟有“小小的满洲国，大大的赵尚志”的说法。

第二节　哈东根据地

1934年2月，中共中央在给中共满洲省委的指示信中，同意把包括珠河游击区在内的磐石、间岛、绥宁、汤原五个游击区作为满洲党的工作重心。根据中央的指示，满洲省委及时向磐石、间岛、绥宁、汤原、珠河五个反日活动区域的党组织和游击队提出建立革命政权和创建抗日根据地的要求。

赵尚志在率领游击队进行军事斗争的同时，已建立起以珠河三股流为中心的道南根据地和乌吉密、四方顶子、苇塘沟、石头河子、二排、柳树河子等地的游击区。从1934年春开始，游击区已突破道南狭小范围，发展到道北黑龙宫一带。同年秋，哈东支队游击活动区域再度扩大至滨绥铁路两侧。哈东游击区遍及五常、宾县、珠河、双城、阿城、苇河、延寿、方正等县，约东西二百余里，南北三百五十里的范围。在游击区内建有抗日根据地，主要有珠河四、五区，核心区是珠河三股流、半截河、棒槌沟、秋皮囤等处。

在开辟游击区、建立根据地的过程中，赵尚志经常告诉游击队员们，部队要成为群众斗争的宣传者、组织者，要大力协助地方同志建立反日会、妇女会、农委会。只有通过开展宣传，进行动员，才能使广大农民明白抗日救国的道理，才能将日本侵略者赶出中国。

在哈东游击区和根据地，在珠河中心县委的领导下，在反日游击队的协助下，普遍建立了反日救国会（简称反日会）。到 1934 年 9 月，仅珠河就有反日会员约一万人。

农民委员会也在根据地普遍建立起来。1934 年 7 月，在三股流成立了珠河县农民委员会总会，吴景才被选为总会会长。农委会下设许多分会，在道南就建有二十三个分会组织。

1935 年 5 月，珠河县人民政府在珠河县农委会的基础上正式成立，吴景才任主席。妇女会、儿童团及农民反日自卫队、青年义勇军、模范队也在根据地建立起来，他们成为党领导的抗日游击队的可靠力量和坚强后盾。

在抗日根据地内，还建有专门为部队服务的兵工厂、被服厂、后方医院。

游击区和根据地的开辟和建设，使广大民众能够安心度日。在这里，一切日伪反动统治，即保甲、户口、捐税、警察制度都被彻底扫除。根据地和日伪统治区形成了鲜明对比。

赵尚志率领的游击队在与日本侵略者斗争及开辟游击区、创建根据地的过程中，因为作战英勇顽强，与人民群众打成一片，所以受到当地老百姓的拥护和欢迎。在抗日根据地，到处呈现出军民鱼水情的景象。珠河侯林乡吕大娘（梁树林）将两个儿子都送到抗日部队，大儿媳为妇救会长，二女儿、小女儿参加了儿童团，全家人投身抗日。后来她的两个儿子和大儿媳先后为抗日牺牲。赵尚志亲切地称她为“吕老妈妈”。

日军采用各种手段企图消灭赵尚志领导的游击队，先后暗杀游击队领导人李启东，挑拨“黄炮”“九江”队叛变，并且抓住赵尚志父亲，用飞机到处空投“劝降书”，妄图瓦解抗日武装。同时，日寇预谋从秋季开始，以驻哈尔滨日军守备队为主力，调集数千日伪军，包围哈东地区，切断交通要道，实行分片进攻，提出“只打赵尚志，不打胡子”的口号，妄图把反日武装各个击破。

为了粉碎敌人的进攻，赵尚志率领哈东支队主动出击。据敌伪资料统计，仅 1934 年 8 月，我军就袭击敌铁路交通线、站 91 次，脱轨翻车 16 次，毙敌 46 名，伤 102 名，损失 130 万元。在此期间，赵尚志率部攻占“五常堡”；化装成伪军，智取了“四道河子”；后又攻占“八家子”“梨树沟”“方成岗”等地，不仅解决我军冬季军需物资，打击汉奸恶霸，也使根据地得到进一步巩固、扩大。

背陰河匪勢猖獗 拉林危險

書官口中之 總理視察任務

吉司令官回省

滿鐵水道

敌伪对赵尚志在背阴河一带作战的报道

第三节 强攻五常堡

五常堡位于珠河县西南，是五常县的重镇，这地方“富甲五常”，其设施的坚固程度甚至连五常县城也比不了。四周有很高的土墙，城墙四角和镇内路口筑有多座炮台，墙外还有城壕。其显著特点是城高壕深，有钱人重视武装，舍得投入。堡内驻有日伪军五百多名，几乎与五常县城不相上下。据说四十多年间，没有任何武装能打进五常堡。赵尚志之所以把它作为攻击目标，是因为这里已经成为日伪的一座反动堡垒了。

五常堡的人听说赵尚志的队伍向五常防线开过来后，并没太害怕。他们大咧咧地说："事变那年，冯宫、姚旅等自卫军都没敢进，小小的游击队敢进五常堡？"

赵尚志恰恰就利用了五常堡人的这股牛气，他先放出风说，哈东支队这次非要打下五常县城不可，但是暗地里却悄悄做好了进攻五常堡的准备。

8 月 15 日，赵尚志指挥哈东支队及义勇军、山林队在内的两百多人将五常堡三面包围，为防止敌人作困兽之斗，故意留下一道南门让敌人逃窜。经过四个小时的激烈战斗，敌人军心大乱，纷纷从赵尚志留下的南门逃出城外，抗日军各部相继入城，五常堡被攻克。进城后，军歌震天，烧毁日伪统治机关和炮台，除了缴获大量枪支弹药外，还从敌伪的当铺和商号里弄来许多布匹、胶鞋和面粉物资。他们还把以前拒绝救国募捐信的六十多人抓起来教训了一顿。在全队美美地吃了一顿饱饭后，赵尚志指挥队伍于黎明前撤出五常堡。当敌人援军一路追赶到牤牛河时,哈东支队早已渡河南去。

从五常堡撤出之后,队伍很快来到敌人设在四道河子的据点。赵尚志决定“搂草打兔子”,顺便把这个据点也收拾了。

根据赵尚志的命令,哈东支队骑兵队化装成伪军,大摇大摆地进了四道河子。传令兵向里面的包队长报告说:“‘国军’刚才和赵尚志的部队在五常堡打起来了,没干过他们,现正向村子里撤退,你们快去迎接!”

包队长信以为真,赶紧集合队伍到场院里列队迎接。赵尚志率队伍进来后,开始对伪军训话:“赵尚志已经打进了村子,你们都在干什么?”吓得包队长一个劲儿地赔不是,但赵尚志哪里管他这些,他下令说:“把他们的枪都给我缴了!”战士们一拥而上,将伪军的枪全部收缴。这时,赵尚志才对包队长说:“看清楚了,我就是赵尚志!”伪军们闻听此言,当时吓得腿就软了。

在四道河子,哈东支队把缴来的布匹一部分留给部队做冬装,一部分分给当地老百姓,一部分送回根据地。群众得到实惠后,立即就被发动起来了,很快就组织起一支三百多人的自卫队和五十多人的青年义勇军,积极支援游击队作战。

强攻五常堡和智取四道河子,极大地鼓舞了队伍的士气。这些胜利不但解决了队伍过冬的军需物资，更重要的是，扫除了和于九江冲突及“黄炮”叛变后哈东支队头上的“晦气”，中止了山林队和义勇军脱离联合军的“连锁反应”。

在赵尚志的领导下，经过数十次战斗，哈东抗日根据地迅速发展壮大，区域比原来扩大三倍。形成以珠河、宾县等数县为中心，东西两百余里，南北三百五十余里，人口达十万多人的大片“红地盘”，敌人惊呼这里是“共匪的哈东乐园”。哈东根据地的开辟和建设，使党领导的抗日队伍保存和发展了自己，消灭和驱逐敌人的战略后方；使群众有了一块安身立命之所。

第四节　肖田地突围

赵尚志领导哈东支队和义勇军所开展的抗日反满活动使北满地区的日伪统治者如坐针毡。1934 年 10 月，敌人为摧毁共产党领导的抗日武装力量，纠集大批日伪军，开始向反日中心区域展开残酷的冬季“大讨伐”。

敌人的这次“大讨伐”有三个特点：一是兵力多；二是企图利用一切手段分化游击队和义勇军的关系，割断游击队与人民群众的联系；三是采用新式武器，对抗日部队进行突击、追杀。赵尚志领导的哈东支队和各路义勇军面临着一场严峻考验。

为了团结更多的义勇军粉碎日伪当局的“大讨伐”，1934 年 10 月 12 日，哈东支队发表了《东北反日游击队哈东支队告反日抗“满”义勇军书》，号召各真正抗日的义勇军与哈东支队亲密团结，巩固反日统一战线，使敌人的军事进攻破产。

中共满洲省委对敌人的这次“大讨伐”，于 10 月 20 日给各级党部、人民革命军、赤色游击队发出指示信，指出，把人民革命军和赤色游击队形成一切抗日队伍的中心力量和组织者，团结一切反日部队，共同抵抗和粉碎敌人的一切进攻。

根据满洲省委的指示精神，赵尚志将部队分成两部分，分别开展活动。赵尚志率领哈东支队第一、七、九、十大队等主力部队奔赴大青川。在那里，他们击败保护日军军用农场的“九江”队，之后，又胜利袭击了一支为日伪当局效劳的白俄武装，并缴获大批物资。部队乘胜前进，越过威虎岭，进入延寿、方正开展活动，在中和镇开辟了新的游击区域。

1934 年 11 月下旬，赵尚志率哈东支队由方正向宾县进发，欲返回珠河道北地区活动。途中，在肖田地与敌人遭遇。

肖田地位于方正和宾县毗邻的腰岭子附近。11月25日，哈东支队共二百余人分散在山沟里准备宿营，突然与日军望月部队及伪军约五百余人相遇，双方展开了一场激烈的战斗。

由于敌军首先发现我军，准备充分，占据了有利地形，仗着武器装备上的优势，抢先开火，使我军一开始就处在极其危险的境地。时值下午，赵尚志的司令部住在山沟带有围墙的院子里，而骑兵队在沟南，步兵队在沟里，少年连在东南山，枪声一响，日军成群结队已冲到司令部的大院前，赵尚志面对强敌，镇定自若，指挥战士们一连打退敌人的多次冲锋。

日军指挥官望月，一见硬攻不成，马上指挥众多的日伪军及白俄警察，改取包围阵势。战斗一直打到天黑，我军边打边撤至岭东太平沟、大猪圈一带。

战斗中，在敌军炮火猛烈轰击下，包围圈逐渐缩小，赵尚志的右手腕中弹负伤，血流不止，战马跑失了。但赵尚志在危急中，表现十分沉着冷静，他忍着伤痛，命令几名骑术好的战士，趁黑夜带着三十多匹战马，突然从日军和伪军结合部强行突围。主力仍在原阵地隐蔽不动。当勇士们带着战马群闯过敌阵后，敌人误认为我军全部突出重围，便将大批兵力、火力调离阵地，追击突围马群，赵尚志指挥战士们立刻跟进猛攻敌背，追击的敌军顿时大乱，死伤无数。我军乘机突出包围，秩序井然地完成转移。

日军指挥官望月望着我军转移的方向，十分感叹地说："此战必有名将指挥"。

这次突围战斗共消灭日伪军一百一十多人，白俄警察二十多人，我军只伤亡三人。

肖田地战斗后，日伪当局派汉奸前来劝赵尚志投降，赵尚志怒不可遏。他命部下割掉来劝降的汉奸的一只耳朵，将其放回，并让他转告其主子，赵尚志誓死不降。随即，赵尚志发表一个宣言：东北人民在中国共产党的领导下，誓死抗日到底。这一宣言，被称为《赵尚志宣言》。赵尚志坚决抗日的钢铁意志在抗日游击区广为流传。

拉拢未能奏效，日伪军对哈东地区反复进行大规模的扫荡，屠杀抗日民众，实行"重点烧杀、血洗匪区"政策，使珠河等抗日根据地遭到严重破坏，为避敌锋芒，保存有生力量。第二年，赵尚志率主力向松花江北岸实行战略转移，胜利地突破了敌人的围、追、阻、截，创建和巩固了汤原后方根据地。

第四章　铁血三军　驰骋疆场

第一节　人民革命军第三军

1935 年 1 月 12 日，中共满洲省委做出恢复赵尚志同志党籍的决定。鉴于哈东支队在与日伪军的斗争中不断发展壮大，中共满洲省委指示将哈东支队改编为东北人民革命军第三军。1 月 28 日，东北人民革命军第三军在珠河根据地半截河举行隆重的成立大会。赵尚志在大会上做了讲话，并发布了《关于将哈东支队改编为东北人民革命军第三军的通告》。东北人民革命军第三军设司令部，赵尚志任军长，冯仲云任政治部主任，全军共五百余人。

东北人民革命军第三军成立后，发展迅速。至同年年底，全军已由三个团发展到六个团，近八百人。军队的条件也有很大的改善。他们在给满洲省委的一份报告中说，每名队员每个月能吃七八斤肉，衣服也不成问题。到9月份，每人还有一元五角大洋的津贴。同年冬，赵尚志向中共中央驻共产国际代表团创办的巴黎《救国时报》捐助钱款，作为出刊基金。对此，《救国时报》曾予以报道。

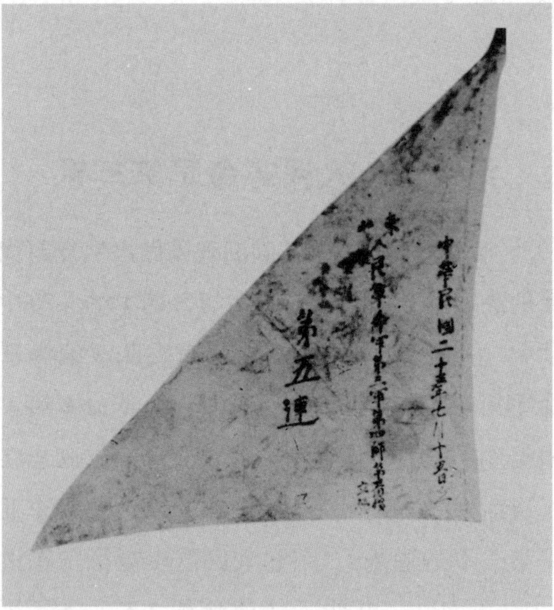

东北人民革命军第三军用过的旗帜

东北人民革命军第三军成立后，赵尚志把与日本侵略者和伪军作战的经验不断进行总结、提高。他曾著文归纳十条战略战术：一是运动战和阵地战；二是外线战和内线战；三是进攻战和防守战；四是歼灭战和消耗战；五是化整为零和化零为整；六是避实就虚，敌进我退，敌退我进；七是迂回奇袭；八是小包围和大包围；九是诱敌、毁敌、间敌、疲敌、诱敌、惑敌；十是敌在明处，我在暗处，行踪飘忽，出没无常。

赵尚志总结的十条游击战略战术及他在对敌军事斗争中的灵活运用，屡获胜利，说明赵尚志已逐渐成为一名出色的军事指挥员。

救國時報

本報鳴謝

東北抗日聯軍第三軍趙尚志軍長捐助本報出版日刊基金國幣一千二百元正

赵尚志捐助巴黎《救国时报》的报道

东北人民革命军第三军印发的《告满洲国士兵书》

总指挥，李华堂为副总指挥，谢文东为军事委员长，张寿篯为总政治部主任。

东北反日联合军及总指挥部是我党领导的武装反日统一战线，团结一切大小反日义勇军，共同进行反日斗争的组织形式。它的成立，对推动和扩大哈东及下江一带抗日游击战争的开展具有重要作用。

反日联合军总指挥部成立后，经赵尚志等人共同商议，决定攻打方正县城。

方正被匪攻陷

旋被駐軍奪還

城內精華幾被掠一空

【哈爾濱】頃據消息、久竄擾延方各地、與軍警幾度抗衡之謝文東與李華堂合流之股匪數百名、突於月之九日拂曉、以迅雷不及掩耳之手段、遽襲方正縣城、城內駐守少數陸軍及警團、當即應戰、以衆寡懸殊、終於八時許、被匪攻入、匪人入城後、即施行搶掠燒殺之慣技、當時火燄萬丈、槍聲如爆竹、再益以避難之婦孺哭號嘷之聲、眞不啻如人間地獄經過相當時間之苦戰後、方正縣城、終被駐守之軍警團、於下午二時許、努力奪還、匪之退去方向、似向東北方面之伊通德 桑里一帶之 溝裡、城內損害之調查、計被焚燬民房百餘戶、中貲以上民戶什物、亦幾被掠一空云、

《盛京时报》关于攻打方正县城的报道

1935 年 3 月 9 日拂晓，战斗正式打响。在赵尚志的统一指挥下，第三军少年连首先突破敌人坚守的东门。反日军冲入城内，迅速占领了伪警察署。此战缴获部分军需物资，并逮捕四十余名汉奸。反日联合军在占据十二小时后安全撤离。

攻袭方正县城，显示了反日联合军的威力，也振奋了谢文东、李华堂两部的士气。

东北人民革命军第三军和新的反日联合军成立后，经过一个春天的对敌斗争和积极的宣传工作，使义勇军对第三军的认识发生了很大变化。他们认为人民革命军第三军是真正抗日的，可以接受三军的领导。所以，许多义勇军要求与他们联合，或主动请求收编。

随着反日统一战线的扩大，反日武装力量明显加强。在赵尚志的指挥下，东北人民革命军第三军、反日联合军频繁出击，向敌人展开有力的进攻。除袭击日伪据点、与敌军交战外，还将敌人滨绥、拉滨铁路车站、线路、列车作为攻击重点，从而使敌人的交通运输经常处于瘫痪状态。

东北人民革命军第三军和赵尚志坚决地执行党的反日统一战线政策，广泛团结其他抗日武装共同对敌，使哈东地区的抗日游击运动有了新的发展。

第三节　反“讨伐”斗争

日伪当局为镇压哈东抗日运动，于 1935 年 7 月初，调动大批日军守备队、伪军、伪警察等三千余兵力，对抗日武装和抗日根据地进行“大讨伐”。

敌人的这次“讨伐”，除采取以往使用的包围、追击、利用降队、派遣特务等手段外，还采用极其毒辣的建立“集团部落”的所谓“匪民分离”政策，对集团部落里的人们实行严格管理，尤其是对粮食、物资等进行严苛管控。

小贴士

集团部落：这是日本侵华战争中在东北地区实行的暴行之一。为断绝东北抗日联军的后勤补给，将抗联根据地与村民隔绝开，日军设计出“集团部落”，强制将中国村民迁至其中，定量供给村民粮食，并设置严密的封锁线。

日伪当局在各县强迫游击区的农民离开世代久居的家园和赖以生存的土地，迁到指定的大屯，即“集团部落”中去，把原来的房屋全部烧毁，造成“无人区”。对于拒绝搬迁的居民则施加暴力——一律屠杀。因而，“归屯并户”是伴随着“烧光、杀光、抢光”的政策进行的。

在“集团部落”内，居民出入都有岗哨严格检查，一举一动都在“自卫团”的监视下。推行“保甲法”，保、甲长由日本人指派，或由日本人信任的人保举，一家通“匪”，即与抗日军有联系，其余各家全都受累连坐。

日伪在抗日游击区强行“归屯并户”，制造“集团部落”

在“集团部落”周围，敌人强迫群众挖深沟，垒高墙，修炮台，建瞭望塔。“集团部落”之间修警备道路，架设电话线。一时间，根据地内，村村点火，户户冒烟，大批群众被迫迁徙，一些反日会领导人被逮捕。1935 年 8 月，珠河中心县委在给省委的报告中说：“现在路南游击区三分之二以上已成一片焦土。”

敌人的疯狂烧杀抢掠，强行“归屯并户”政策，使珠河游击区和抗日根据地遭到严重破坏。为保存实力，有效打击日伪军，赵尚志决定避敌锋芒，伺机歼敌。8 月中旬，赵尚志率司令部直属部队及第二团跨越滨绥铁路到双城东部活动。

当时，活动在双城东部的抗日武装主要是人民革命军第三军第三团和宋德林义勇军“双龙队”。

“双龙”即汪亚臣，他是伐木工人出身，曾在东北军当兵。九一八事变后，汪亚臣举起义旗，组织“双龙队”。他的队伍经常与人民革命军第三军在五常等地配合作战，并在战斗中不断发展。

赵尚志到达双城后，与第三团和“双龙队”会合，共同在这一地区活动。他们共同摧毁了双城八区“集团部落”，将伪自卫团缴械。

1935 年 9 月 10 日，中共珠河中心县委召开执委会议，赵尚志以县委委员的身份参加了这次会议。会议详细讨论了哈东地区的斗争形势，根据珠河道南、道北根据地已被敌人破坏的实际情况，决定第三军司令部率主力部队向延寿、方正远征，进而向牡丹江沿岸地区延伸，开辟扩大新的游击区域。

此后，赵尚志根据珠河中心县委执委会议的决定，通过吸收青年义勇军、游击连等办法，将第三军三个团发展到六个团。还收编了隶属司令部的由义勇军组成的游击团和别动队。

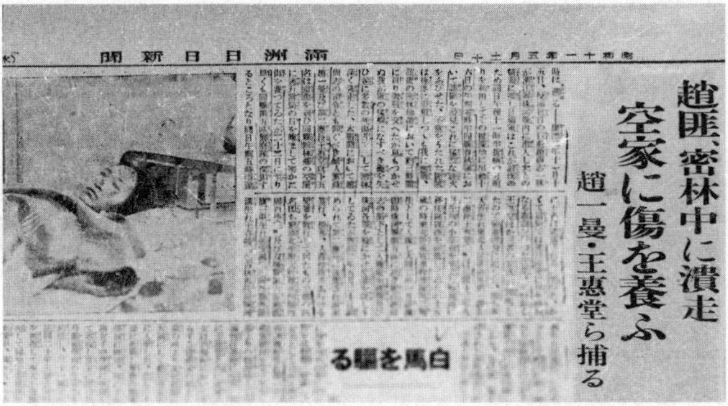

滿洲日日新聞

趙匪、密林中に潰走

空家に傷を養ふ

趙一曼・王惠堂ら捕る

白馬を驅る

敌人在报纸上刊登赵一曼被捕的消息和照片

赵尚志率主力部队转移后，将第二团留在铁道北，将第三团留在铁道南坚持开展游击活动。1935年底，在五区春秋岭战斗中，时任三军二团政治部主任的赵一曼不幸身负重伤被俘。被押送到伪滨江省警务厅关押、审讯。在医院治疗枪伤期间，她将看守董宪勋和护士韩勇义教育争取过来,并在他们的帮助下逃出哈尔滨。不幸的是,在他们距游击区不足二十里路的时候被敌人追上,再次被捕。1936 年 8 月 2 日,敌人将赵一曼杀害于珠河县小北门外。

为粉碎敌人的“讨伐”,开辟新的游击区和根据地,赵尚志领导抗日军民进行着英勇的反“讨伐”斗争。经过几个月英勇顽强的奋战,日伪当局精心策划的“大讨伐”又一次以失败告终。

第四节　汤原根据地

1935 年 12 月,为贯彻《八一宣言》精神,开辟和扩大下江反日游击区,帮助汤原反日游击队发展壮大,扩编成东北人民革命军,赵尚志与抗日同盟军军长李延禄一同来到汤原。在这里,他们见到了汤原游击队负责人夏云杰。

夏云杰对他们的到来感到非常高兴。三位抗日部队领导人共同研究了松花江下游的斗争形势,决定为汤原游击队扩编成东北人民革命军第六军做准备,他们商议联合攻打亮子河金矿。

小贴士

《**八一宣言**》：1935 年 8 月 1 日，中共驻共产国际代表团根据共产国际第七次代表会议上有关在各国建立反法西斯统一战线的精神，草拟了《为抗日救国告全体同胞书》，即著名的《八一宣言》。10 月 1 日，正式以中华苏维埃共和国临时中央政府、中共中央的名义在法国巴黎出版的《救国报》上发表。

《八一宣言》是推动第二次国共合作的重要文件，是中国共产党实行抗日民族统一战线策略的开始。

出于把汤原反日游击队扩编为东北人民革命军第六军的考虑，赵尚志提出要想办法夺取武器，扩大武装。他向夏云杰询问哪里可以作为攻打目标。夏云杰说："亮子河金矿驻有伪军三十八团一营警备连。只是这个连的孟连长过去与我们有交情，下不得手。"原来，夏云杰为了给游击队发展创造有利条件，曾与伪军警备连达成"君子协定"：双方避免打仗；不许伪军警备连扩大活动范围，只限在亮子河矿区活动；不许搜捕我地下抗日工作人员；有事协商解决。

赵尚志听了夏云杰的情况介绍后，认为这支伪军是我军在小兴安岭山区建立后方基地的障碍,必须拔掉这颗钉子。李延禄也同意赵尚志的意见,但主张不能硬打,可以先分清是敌是友,相机处理。夏云杰也提议最好还是先请孟连长来谈谈。最后,赵尚志、李延禄都同意了这个意见。

12 月 26 日晚,伪警备连孟连长被请到矿区邻村的单家大院。孟连长一进屋,见两个陌生人站在屋里,觉得事情不妙,内心惶恐不安。李延禄首先对孟连长说,“为了挽救你做中国人,现在到你立功赎罪的时候了。”接着反复向他讲解党的抗日救国政策,动员他把部队带出来,参加抗日武装斗争。

赵尚志一直在一旁观察着孟连长的反应,见他犹豫不决,便不客气地对他说:“咱们来干脆的吧,你是要当抗日英雄,还是要当狗熊?”

孟连长回答道:“抗日英雄我当不起,我有抽大烟的瘾,遭不了那个罪。”

赵尚志说:“你遭不起罪,可以把枪交给我们去打日本鬼子,我们不怕遭罪。”

最后,经过反复动员,孟连长勉强答应为我军带路前去缴金矿伪警备连和伪矿警队的枪,并说:“我领你们去缴枪,你们多给我几个钱,我有两个老婆,缴完枪好带她们回关里家去。”

当晚，第三、四军和汤原反日游击队各一部组成的联合部队由孟连长带路，来到亮子河金矿伪军三十八团警备连营地，顺利解除了一百余名伪警备队和三十余名伪矿警的武装。缴获机枪两挺、步枪二百余支和其他军需品。亮子河金矿战斗后，赵尚志和李延禄商定，把缴获的物资和要求参加抗日队伍的矿工及矿警人员都拨给夏云杰，这为壮大汤原游击队和扩编建军打下了基础。汤原游击队很快发展到七百多人，成为松花江下游地区抗日救国的核心武装力量。

1936 年 2 月 1 日，汤原游击队正式改编为东北人民革命军第六军，夏云杰任军长，冯治纲任参谋长。

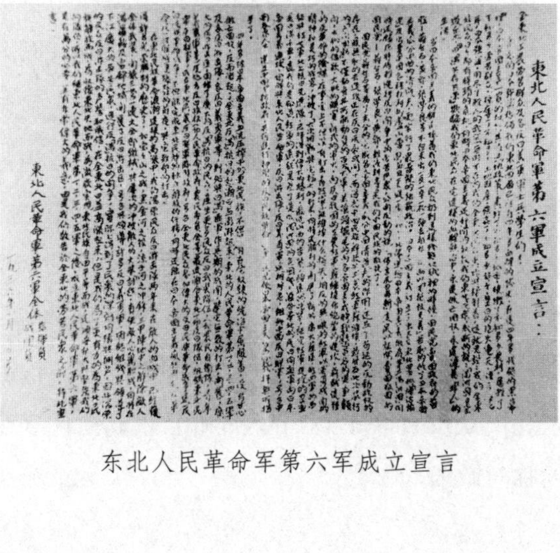
東北人民革命軍第六軍成立宣言：

东北人民革命军第六军成立宣言

在赵尚志和李延禄率队来到汤原后不久，李华堂和谢文东也受赵尚志的邀请率队从方正、依兰来到汤原汤旺河谷，共商抗日救国大计。北满主要抗日武装力量的领导人共聚一处，商讨反日方针，这是自东北抗战以来的第一次。

1936 年 1 月 26 日至 28 日，东北民众反日联合军军政扩大会议在汤原吉兴沟召开。参加这次会议的有赵尚志、李延禄、夏云杰、张寿篯、李华堂、谢文东、冯治纲等。这些抗日领导人一起分析了全国、全东北面临的政治、军事形势，确定了当前反日部队面临的任务，讨论了改进、扩大联军组织和军事行动方向及建立反日联军司令部、临时政府等问题。

会议还安排与会人员学习了中共中央和中华苏维埃临时中央政府的《为抗日救国告全体同胞书》（即《八一宣言》）。大家认为宣言对我国面临的亡国亡种的危险形势分析的十分正确，只有紧密地团结起来，才能赢得反帝爱国的民族解放战争的最后胜利。

会议经过充分讨论和协商，通过了《东北民众反日联合军军政扩大联席会议决定》，并决定按照《八一宣言》关于成立统一的抗日联军和建立统一的国防政府的精神，成立东北民众反日联军总司令部和酝酿成立代表全东北人民的临时政府。

1936年1月28日，会议选举赵尚志为东北民众反日联军总司令，李华堂为副总司令，张寿篯为总政治部主任。同时决定组织东北民众反日联军临时政府。会议还公布了东北民众反日联军临时政府成立宣言、施政纲领、对日宣战通牒及致中华民族武装自卫委员会宋庆龄、李杜的信等文告。

小贴士

中华苏维埃临时中央政府：1931年11月7日至20日，中华苏维埃第一次全国代表大会在江西瑞金召开，大会选出毛泽东、周恩来、朱德、项英、张国焘等63人组成的中央执行委员会，宣告中华苏维埃共和国临时中央政府成立。1931年11月27日，中央执行委员会举行第一次会议，选举毛泽东为中央执行委员会主席，项英、张国焘为副主席，决定中华苏维埃共和国临时中央政府设在瑞金。1934年10月中华苏维埃临时中央政府撤离江西苏区。1935年10月转移至陕甘苏区。1937年9月22日，国民党中央通讯社发表了《中共中央为公布国共合作宣言》。同日，中共中央宣布取消中华苏维埃临时中央政府。

东北民众反日联合军军政扩大联席会议，是北满地区抗日斗争蓬勃发展的一个重要标志，它使在该地区活动的抗日武装的政治组织和军队都有了新的转变。

会议结束后，李延禄、李华堂、谢文东分别率部队返回松花江以南地区活动。

为使抗日部队获得可靠的休整和训练依托，同年 2 月，赵尚志与张寿篯、夏云杰等共同研究，在小兴安岭建立后方军事基地。

当时，在小兴安岭汤旺河沟里有一支一百五十余人组成的伪森林警察队。为建立巩固的后方军事基地，赵尚志指示张寿篯和第六军第二团团长戴鸿宾要坚决拔掉这个钉子。3 月 15 日，张寿篯、戴鸿宾率领二百余人的队伍向汤旺河沟里进发。他们首先解除了岔八气伪森林警察大队的武装，而后，又奔向老钱柜敌据点。经短时间战斗，他们击毙七名日军，迫使一百一十名伪警察放下武装，同时还缴获大批军需物资。

4 月 13 日，伪森林警察队队长于桢（于四炮）在夏云杰的教育下，反正抗日，参加了抗日部队。

至此，汤旺河地区的敌伪据点被完全清除，从而为抗日部队在小兴安岭建立后方军事基地和开辟汤原抗日根据地扫清了道路。

到1936年夏，第三军和第六军根据赵尚志的部署，在汤旺河谷、帽儿山、老白山、巴兰河谷以及通河大小古洞流域等地理位置较好的地方建立起多处秘密的后方军事基地，即秘密营地，简称“密营”。

在密营里，建有宿营地、印刷厂、被服厂、军用仓库、粮库、野战医院、军械修理所、联络站、屯垦地等。这些密营成为抗日战士进行休整的可靠后方，它为保存抗日部队的实力起到了十分重要的作用。

在汤原根据地的建设中，特别值得提及的是，在赵尚志的倡议下，根据反日联军军政扩大会议的决定，建起了一所东北抗日联军政治军事学校。

1936年4月，东北抗日联军政治军事学校在伊春河口建成。赵尚志任校长，张寿篯、侯启刚先后任教育长。赵尚志签署发表了《东北抗日联军政治军事学校临时简章(草案)》。学校分军官班和学生班。

政治军事学校的教学内容分政治课程、军事课程和文化课程。张德讲授政治课，如《中国近代史》《社会发展史》《资本论》；侯启刚讲授《八一宣言》及自编的《论抗日民族统一战线》讲稿。军事课多是由各军调来的军、师级干部讲授游击战术、实战经验和教训、武器拆装和保养及渡河、滑雪、射击、骑马等军事技能。文化课则讲授语文和算术。授课时间分长、短期两种，长期班六个月，短期班三个月。

赵尚志为学校主持制定了《军事教育大纲》。教育长侯启刚则为学生编出了《关于统一战线问题的研究》和《东北反日队伍的分析及其改造策略》两本讲义。

这所学校共办三期，培养了近三百名学员。后来在东北抗联担任主要领导职务的指挥员，如抗联独立师（后为抗联第十一军）师长祁致中和政治部主任金正国，抗联第六军第一师师长马德山和政治部主任徐光海，抗联第三路军第三支队队长王明贵，抗联第三路军总参谋长许亨植，抗联第三军第三师政治部主任吴景才都是这所军校的学员。

此外，抗日部队还在巴兰河谷建起一所无线电通讯学校。曾在苏联学习过无线电技术的于保合任学校校长。该校虽然只存在七个月，但它为抗日联军各部培养出一批无线电通讯人才，对加强抗联各部队之间的密切联系，提高指挥作战效能起到了重要作用。

第五节　率部西征

为巩固汤原抗日根据地，在松花江北岸广大地区开辟新的游击区，配合在松花江南岸活动的第三军各部及第四军、民众军、自卫军的斗争，赵尚志决定组织一次远征。

1936年4月上旬，由第三军司令部直属部队政治保安营、少年连和第五、六团共三百人组成的远征队在赵尚志的率领下向西挺进。

4月13日，远征队一举攻克了位于松花江左岸的舒乐镇。4月19日，他们又乘敌不备，袭击了松花江边的竹廉镇。5月中旬，赵尚志率队进入木兰县境。鉴于此地山高林密，是一个进可攻、退可守的战略要地，赵尚志遂决定在这里开辟新游击区。之后，远征部队以蒙古山为依托，在木兰、通河、巴彦、东兴一带积极开展游击活动。

在木兰等地，敌人广建“集团部落”，实行“匪民分离”的毒辣政策，对抗联部队的生存造成了极大威胁。赵尚志经过认真考虑，决定攻打“集团部落”。

5月13日，赵尚志率队袭击了木兰县太平河屯“集团部落”，破坏了通信线路。6月9日，将木兰县城北钱家店“集团部落”的伪自卫团缴械。7月13日，他又率队攻袭了木兰县城内日伪江北三县联合指挥部和伪警察署。8月上旬，在木兰广利屯与日伪军交战，毙敌三十余人。

对赵尚志率队屡挫日伪军的英勇事迹，巴黎《救国时报》1936年7月8日曾以“东北义军捷报频来，赵尚志部队又袭击寇军第一师团”为题予以报道。

1936 年夏，赵尚志指挥所率远征队依托蒙古山，利用青纱帐形成的有利条件，西向巴彦，北向东兴、庆城、铁力，东向通河，积极开展游击活动，大小数十战，攻袭日伪据点，缴械敌伪武装，摧毁“集团部落”，使日军伤亡百余人。开辟了巴彦、东兴、庆城、铁力、通河一线新的游击区。

在此期间，第三军又有了新的发展。继已组建的四个师后，于 1936 年夏末，又成立了第五、第六、第七、第八师。

自 1936 年春至同年 8 月，在几个月的时间内，赵尚志率抗日部队转战于巴彦、木兰、东兴及通河、庆城、铁力一带，积极开展游击活动，战果累累。他在致第三军第四师师长郝贵林、政治部主任金策的信中说：“司令部西征巴、木、庆、铁各县，深入日‘满’统治区内，到处得到民众之拥护，‘满’军之同情，与义勇军方面九江、东来以下各队……均给收容编制。在日军大举进攻中，大小数十战，予敌人以极大损害。”

由于西征的胜利及抗日游击区的开辟，有力地推动了松花江下游地区反日斗争的开展，进而在北满大地很快出现了武装抗日斗争的新高潮。

第六节　抗联第三军

1936 年 2 月，根据《八一宣言》精神，中共驻共产国际代表团以东北人民革命军第一、二、三军，东北抗日同盟军第四军，东北反日联合军第五军等领导人杨靖宇、王德泰、赵尚志、李延禄、周保中等名义发表了《东北抗日联军统一军队建制宣言》。《宣言》指出，根据全国救国运动的发展，为使抗日军队组织愈加巩固，统一抗日军队行动，就要改组抗日军队的建制，统一名称。为此，东北人民革命军第一、二、三军，反日联合军第四、五、六军，各反日游击队一律改组军队建制为东北抗日联军第一、二、三、四、五、六军以及抗日联军 XX 游击队。该宣言还宣布，东北抗日联军随时准备参加全国统一的抗日联军。

《东北抗日联军统一军队建制宣言》发表后，至 1936 年秋，原东北人民革命军包括抗日同盟军、反日联合军等相继改编为东北抗日联军第一、二、三、四、五、六军。抗联第一军军长杨靖宇、第二军军长王德泰、第三军军长赵尚志、第四军军长李延禄、第五军军长周保中、第六军军长夏云杰。以后，又以抗联第四军第二师为基础，编成抗联第七军，军长陈荣久；谢文东领导的民众救国军编为抗联第八军；李华堂领导的自卫军支队编为抗联第九军；汪亚臣领导的救国义勇军编为抗联第十军；祁致中领导的“明山队”编为抗联独立师（1937 年 10 月改编为抗联第十一军）。

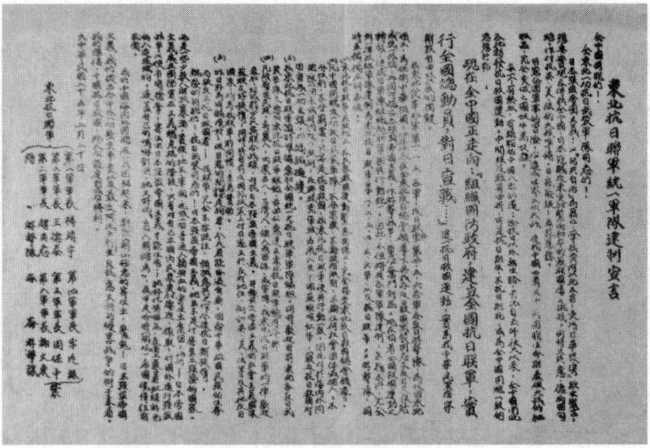
東北抗日聯軍統一軍隊建制宣言

現在全中國正走向：『組織國防政府，建立全國抗日聯軍，實行全國總動員，對日宣戰……』

《东北抗日联军统一军队建制宣言》

东北抗日联军十一个军相继建立的过程，正是东北人民武装抗日斗争发展的高峰阶段。在此期间，抗联各部英勇奋战，一面大量歼敌，一面积极发展自身力量。其鼎盛时期，十一个军达三万余人，活动区域遍及东满、南满、北满、吉东七十余县。

1936 年 8 月 1 日，东北抗日联军第三军宣布改编成立。赵尚志签署了《东北人民革命军第三军改编为抗日联军第三军通告》。

……第三軍改編爲抗日聯軍第三軍的通告及趙軍第八師成立宣言，實爲救國……材料，於下以饗讀者。

編者

人民革命軍第三軍改編爲抗日聯軍第三軍通告

自民國二十三年春季以來，即在不斷戰勝強敵下，自身之偉大和千百萬反日人民革命軍第三軍。 牽親將士用命，努力殺敵，各界贊助，奔走有方，日行動區域，取得更多同胞信仰，尤其與合擁護抗日友軍，打破日寇之各種部隊，致使強敵首尾自顧無暇，此同本軍是以自慰者。 但仰於抗日府團結一切抗日部隊爲統一組織之整體，實爲當前急務之途。 因此，本軍領戰鬥員自動擁護下，將原東北人民革命軍第三軍改編爲東北抗日聯軍獨單，無他，借誠此遍使界，各個一線，與東我西，各行所志，以發揚軍光而聚集我反日偽之武裝而已。 行動在即，卷碗雨時，與看我弟兄軍與各大應攜手，不吝賜教，國家幸甚！我軍幸甚！

東北抗日聯軍第三軍軍長趙尚志及全體指戰員同啓

大中華民國二十五年 月 日

抗日聯軍第三軍第八師成立宣言

，一切武裝反日戰士們！

貝戈抗日，不斷効死有志，救國無方，強寇來至，中樞動搖，即見南京政府之潰亡，惟林始復不慎，受內地軍閥之蒙騙，卒降入關，方以爲共謀武裝之被解除。 夫以數千抗日發生，以致徒手戰士，惟林不敏，除需自辯也。

因，成功之舟，因而於民國二十三年之春，再歸東北，集合舊部，承極陣場，復再伸我抗日神聖之企求，亦足以對我同胞作慰來。

之中，深望欲使抗日之徹底勝利，勢非聯合反日同胞，武裝反日民衆，改育，絕不爲功，此十數抗日聯軍之所以創造，是爲明證也。

張抗日聯軍第三軍軍長趙尚志同志之委任爲軍，於是立於所部，取消原有軍第三軍第八師，將於我軍部指揮之下，遵從各師，爲團結一致，爲抗日十完祭，爲消滅走狗敗類與漢奸，皆必逐強寇於國土之外，為大中華也。

日同胞，愛國志士，如有所示，必倒屣以歡迎，特此宣言，

北抗日聯軍第三軍第八師師長考林及全體指揮員戰鬥員 同啓

日

巴黎《救国时报》刊载的抗联第三军抗日救国文献

巴黎《救国时报》发表的东北人民革命军第三军改编为抗联第三军通告

东北抗日联军第三军下辖十个师，共计六千余人。司令部下设秘书处、副官处、执法处、经济处和稽查处。司令部直接领导政治保安师和少年连。活动在北满松花江两岸、小兴安岭山麓四十余县的广阔区域。

巴黎《救国时报》发表的《东北义勇军之发展与现状》

对于抗日联军第三军的迅猛发展，中共驻共产国际代表团成员杨松（吴平）曾在巴黎《救国时报》发表署名文章《东北抗日义勇军之发展与现状》中说道：“在赵尚志指挥下，第三军发展异常迅速。屡次打败日伪军，尤以三次围困宾县城，攻克五常堡，陷落方正城，计取二道河子等战役为著名。自哈尔滨东沿中东铁路，沿松花江两岸，直至沿牡丹江两岸，所向无敌，挡者披靡，日伪闻之发抖，百姓听到开心。百姓听到说‘原来赵尚志是共产党，难怪他这样坚决打日本鬼子，有武艺，名誉好。东三省多出几个共产党就不怕日本鬼子了。’于此可见，东三省老百姓认定赵尚志是个真正抗日的民族英雄，认识了共产党是真正彻底抗日救国的党。”

冰天雪地中

我東北義勇軍英勇奮鬥壓挫日偽

抗日聯軍第三軍趙尚志部曾佔穆立國

日陸次梅津宣稱不知何年方可完成「討伐」

各地義軍活動

給日偽以巨大打擊

義軍戰術靈活

巴黎《救国时报》关于抗联第三军活动的报道

为提高部队的政治素质和战斗力，赵尚志特别强调“人心”问题。他认为只有正义之心的人，才能对抗日救国有明确的认识。他要求凡入队参加抗联的人都要接受抗日救国的思想教育，基层连队和各级干部都要担负起教育战士的责任，使之树立正确的抗日第一的思想意识和观念。

赵尚志还特别注意以各种形式提高部队的士气。在没有军事行动的时候，部队会根据不同的情况，采取纪念会、联欢会等多种形式开展文娱活动。这些活动的开展，极大地活跃了部队的气氛，为更好地开展对敌斗争增添了力量。

抗联第三军成立后，赵尚志本着不断发展壮大抗日武装力量的精神，继续贯彻党的抗日民族统一战线政策，在发展抗联第三军的同时，还大力帮助其他北满抗联部队壮大实力，并继续坚持联合各种抗日武装实行共同抗日。当时，《新华日报》发表文章说：“反日民族统一战线做得最成功，要算抗日联军了。杨靖宇、赵尚志诸抗日联军领袖是东北反日民族统一战线的发动者。”“他们以御辱团结、共同抗日的真理说服了各部义勇军、山林队、游击队。大家在不互相攻击、互相帮助条件下，结成统一战线。”

第七节　冰趟子大捷

1936年9月，为研究反对敌人秋冬季“大讨伐”的斗争策略，解决政治路线、组织领导方面面临的问题，赵尚志向中共珠河中心县委提议召开一次党的扩大会议。同年9月18日，中共珠河、汤原中心县委和第三、六军党委联席会议在汤原县汤旺河沟里抗联第三军被服厂正式召开。参加这次会议的有：抗联第三军军长赵尚志、珠河中心县委书记包巨魁（张兰生）、珠河中心县委宣传部长冯仲云、共青团珠河县委代理书记朱新阳、汤原中心县委书记白水江、抗联第六军军长夏云杰。列席这次会议的有抗联第三军第一师政治部主任李福林、第三师师长李熙山、第六军秘书长黄吟秋。

在这次会议上，赵尚志做了《日本在东北的法西斯统治与北满反日运动的新形势及吾党新策略之运用》的主题报告。会议经过充分讨论，形成了《中共珠汤中心县委联席会议关于目前政治形势和党的新策略与任务的决议（草案）》。

会议还通过了《中共珠、汤中心县委，三、六军党委联席会议关于组织问题的决议》，组织成立中共北满临时委员会。经过会议酝酿和讨论，通过选举产生了中共北满临时省委执行委员会委员、主席、常务委员会委员及书记。赵尚志当选为临时省委执行委员会委员、主席，常务委员会委员。

珠、汤联席会议结束后，同年10月，赵尚志根据会议形成的组织决议，派省委执委朱新阳去莫斯科向中共驻共产国际代表团进行汇报。第五师部队在护送朱新阳去苏联至国境线时，于11月30日夜，一举攻克了佛山（今嘉荫）县城，消灭日军十余名，逮捕了伪县长，解除了日伪国境监视队的武装，缴获了大量军需物资。在抗联部队的感召下，百余名青壮年参加了抗日部队。

抗联第三军五师攻克佛山县城

赵尚志根据珠汤联席会议决议的精神，在充分考虑、分析敌人即将进行“大讨伐”的形势后，根据数年来与敌人浴血奋战得出的经验教训，及时、具体地部署了反对敌人秋冬季“大讨伐”的斗争策略。

为粉碎敌人妄图把抗联第三、六军消灭在汤原根据地的阴谋，赵尚志以抗联总司令的名义命令第三、六军避敌之锐，到敌人统治薄弱地区开辟新的游击区。第六军主力向桦川、依兰突击；第三军和第六军各一部再次进行西征，向庆城、铁力运动，进而推进到黑龙江、嫩江流域的海伦、通北等地，建立庆铁、通海游击区和根据地。

1936 年 11 月末，赵尚志率第三军司令部直属队、政治保安师及第一师、第五师各一部，混编成五百人的骑兵部队，向海伦、通北远征。

这次远征，异常艰苦。部队经常在零下三四十度的严寒中进行长途雪地行军，凛冽的寒风肆虐地吹打在指战员们的脸上，如同刀割一般。长期的野外露宿，加之敌人的围追堵截，许多战士被冻伤。由于敌人封锁严密，抗联部队的给养遇到很大困难。粮食用尽，就宰食战马；马匹不够，就以橡子为食。尽管环境异常恶劣，但广大指战员在赵尚志的带领下，对抗战都充满了必胜的信心。

1937 年 2 月，远征部队来到海伦境内，敌人派出大批兵力不断进行跟踪、追击、堵截，妄图把赵尚志率领的部队消灭在海伦东部山区。3 月，赵尚志率队伍进入通北县境内，在海伦至通北附近的山区一处叫“冰趟子”的地方，他决定伺机设伏，创造条件打击敌人。

北方的三月，冰封雪寒。赵尚志率远征部队沿着运木材的山道向通北山里开进，日伪军七百多人的讨伐队尾随其后。当部队行至一处山道狭窄、两侧林木茂密的地方时，赵尚志命令部队沿山路继续前进两三公里，然后分左右两路上山，埋伏在两侧丛林中，等待来敌，约两个小时后，敌人一股百余人的部队沿着抗联部队在雪地上的足迹追踪而来，进入赵尚志设下的伏击圈，战士们居高临下，向敌人发起进攻，子弹像雨点般飞向敌群，打得敌人落荒而逃。此战击毙敌人三十多人，并缴获一些枪弹。

为了迅速摆脱敌人，赵尚志命令部队迅速前进，但是，没走多远，前面出现了一段狭长的冰面，光滑如镜，几个战士的战马都滑倒了。原来，此处有一眼常年不冻的山泉，冬季泉水从山上流下，结成了一道长长的冰坡，冰上落雪，雪上覆冰，于是光滑无比，人畜踏上无不滑倒摔跤。当地群众都称这里为“冰趟子”。赵尚志仔细观察了周围的环境，这里有几家店铺，过往车马都在此休息。车道北就是那段冰坡，道南是一坐小山，山上长着稠密的杂木丛，是个打伏击的好地方。附近有四座伐木工人住的木营，里面还有用煤油筒做成的火炉。他心头一亮，马上命令战士们用冰雪构筑工事，从山口到谷底布置成一个“口袋阵”，决定在这里伏击敌人。

此时的木营里只有几个伐木工人留守，多数都回家过年。每个木营可容纳两三百人，便于部队宿营。木营外低矮的院墙可以用来做防御工事。赵尚志安排部队在木营住下后，召开了班以上干部会议，将他的战斗思路和想法告诉大家，极大地激发了与会人员的斗志。随后，部队按照赵尚志的命令，利用有利地形，两天之内筑好阵地，并在阵地前面浇上水，结冻后的冰面可以有效阻止敌人行进。此外，他们还在各个阵地之间以及阵地和木营之间用雪垒砌上交通壕，在木营的墙上挖了一排枪眼。

3 月 7 日，日本竹内部队守田大尉率七百多日伪军陆续进入我军的伏击圈，待敌人全部进入口袋阵后，赵尚志一声令下，步枪、机关枪同时开火，敌人猝不及防，抱头逃窜。前面的伪军首先被击退，中队长当场毙命。接着，后面的两百多名日军向抗联部队占据的木营扑来，但敌人在光滑的冰坡上站立不稳，脚下不听使唤，接连摔倒，被打得晕头转向，狼狈不堪。

敌人的第一次进攻失败后，后援部队又乘马爬犁赶来，凭借兵力和武器的优势，轮番向抗联部队发起进攻。敌人依仗人多势众，猛烈地向阵地冲击。抗联部队依托木营和院墙顽强抵抗，战斗打得异常激烈。赵尚志另派小股部队到河沟北侧密林中拦腰袭击敌人，以缓解正面压力。因河沟上有冰甸子，敌人不敢贸然进攻。狡猾的敌人开始调整进攻方向，集中火力正面进攻木营。在敌人的猛烈攻击下，左侧的一个木营被二十几个鬼子占领。在这危急时刻，赵尚志果断命令少年连趁敌人立足未稳夺回木营。接到命令后，少年连代理连长赵有财带领两个班的战士迅速迂回到木营，抢占木营大门，向木营内扫射。敌人也不甘示弱，向少年连猛烈还击。双方胶着了几分钟后，少年连几名战士向木营奋力投掷了几颗手榴弹。霎时，木营内的火炉被炸翻，里面堆积的草被引燃，浓烟呛得鬼子嗷嗷叫，仓皇跑出来的立即被抗联战士击毙或打伤。这样，木营终于被英勇的少年连战士夺了回来。

入夜，战斗仍在继续。随着气温越来越低，枪被冻得打不响了，战士们的手指也冻得僵直，无法扣动扳机。但是这些困难没有吓倒英勇的抗联战士，大家沿着预先砌好的交通壕轮流到木营烤枪、取暖。冻了一天的鬼子，虽然穿着厚厚的棉衣也无济于事，连开枪都困难。到了后半夜，敌人趴在冰面上继续顽抗，随着气温下降，枪油凝固，机枪打了一阵就"哑巴"了。天快亮时，筋疲力尽的敌人已是不堪一击，连滚带爬地向沟口撤去。赵尚志早已料到敌人会趁天黑突围，于是调遣兵力加强了沟口的阻击力量。果然，试图逃跑的敌人又在沟口被出其不意地大量杀伤。无计可施的敌人只好趴在冰面上等待援军。鉴于白天对抗联部队作战不利，赵尚志决定，不与敌人纠缠，尽快撤出战场。于是在小股部队的掩护下，主力部队安全撤离阵地。天亮时分，部队安全撤到山上。

擊潰趙尚志共匪
守田大尉壯烈戰死

【齊齊哈爾】匪首趙尚志、率領共匪五百餘、因被友軍痛擊之下、乃侵入綏稜、通北兩縣境內、接到警報之竹田部隊守田隊、遂於七日晨、由濱北線通北縣北方約十里之氷趟子地點、與趙匪相遇、激戰互一晝夜、至翌日午前四時、始將匪部全體擊潰、戰鬥結果、隊長守田大尉壯烈戰死、滿田准尉以下八名負傷云、

又訊、通北縣警務指導官福田政雄巡官、（福島縣出身）七日午後、率領同警察官〇〇名、參加友軍作戰、遂受匪彈、壯烈戰死、其他警察官二名負傷並凍傷若干名云、

《盛京时报》关于赵尚志指挥冰趟子战斗，击毙日军守田大尉的报道

此次战斗，日伪军死伤约三百多人，其中日本军官守田大尉、准尉津田庆一等七人被击毙。战斗中抗联部队牺牲七人。

冰趟子战斗是抗联第三军在敌我力量较为悬殊、装备差距较大的情况下，利用地形优势进行的一场以少胜多的伏击战，打击了日本侵略者妄图一举消灭抗联部队的嚣张气焰，振奋了抗联部队的战斗士气，鼓舞了抗日军民战胜侵略者的勇气和信心。此战充分表现了赵尚志杰出的军事指挥才能，也成为东北抗联历史上以较小代价赢得重大胜利的一次经典战例。

第八节　抗日新浪潮

1937 年 6 月 28 日，完成西征任务回到汤原后方基地的赵尚志参加了在抗联六军被服厂召开的中共北满临时省委扩大会议。会议总结了一年来北满抗日游击运动的发展状况，对吉东、北满抗联各军在军事上的相互配合及第八、九军的领导归属问题达成了协议。会议决定将东北抗日联军总司令部改为北满抗日联军总司令部。

1937 年 7 月 7 日，震惊中外的卢沟桥事变爆发，日本帝国主义开始了全面侵华战争。

卢沟桥事变后形成的全国抗战局面，使东北抗日军民深受鼓舞。同年9月18日，赵尚志以东北抗日联军总司令的名义与副司令李华堂、总政治部主任张寿篯联名发出《东北抗日联军总司令部紧急通令》。《通令》指出，中日战争现已全面展开，举国一致，以抗战驱逐敌人，争取民族解放的时机已经到来。号召北满人民为援助全国抗日战争紧急行动、武装起来。

小贴士

卢沟桥事变：1937年7月7日夜，日军在北平西南卢沟桥附近演习时，借口一名士兵“失踪”，要求进入宛平县城搜查，遭到中国守军第29军严词拒绝。日军遂向中国守军开枪射击，又炮轰宛平城。第29军奋起抗战。这就是震惊中外的卢沟桥事变，又称七七事变。卢沟桥事变是日本帝国主义全面侵华战争的开始，也是中华民族进行全面抗战的起点。

为配合全国抗战，赵尚志积极部署抗联部队主动出击，有效地打击敌人。

与此同时，他还认真组织领导群众的反日斗争。

1937年8月20日，赵尚志在率部从桦川县向依兰县境转移途中，主持召开了北满临时省委、抗日联军军政联席会议。会议决定，为配合全国抗战，在九一八国耻日组织下江爱国群众举行抗日反满暴动，以掀起松花江下游地区新的抗日斗争高潮。

1937年9月17日和18日两天，中共汤原中心县委按照北满临时省委、抗日联军军政联席会议的精神，组织格区、龙区、鹤区、汤区数千名群众在抗联第六军第三师的配合下，手持长矛、大刀、土枪、洋炮分别集会，举行了声势浩大的抗日反满暴动。

暴动群众齐聚宝山，组织者发表了慷慨激昂的演讲，散发了数千张《告同胞书》等标语、传单。会后，暴动群众举行了示威游行。深夜，广大群众按照计划砍倒了数百根电线杆。驻守丁家粉坊的日军守备队吓得龟缩在据点里不敢出来，后来趁夜色化装逃走。

汤原人民的抗日反满暴动，充分显示了东北反日军民不畏强暴，勇于斗争的精神。

赵尚志领导的北满抗日武装斗争与杨靖宇在东南满、周保中在吉东领导的东北抗日联军的斗争在战略上相互呼应配合，紧紧牵制着日本关东军，使大批日寇精锐部队不能入关南下，有力地配合了全国抗战。正如毛泽东在《抗日游击战争的战略问题》一文中指出的："东三省的游击战争，在全国抗战未起前当然不发生配合问题，但在抗战起来以后，配合的意义就明显地表现出来了。那里的游击队多打死一个敌兵，多消耗一个敌弹，多钳制一个敌兵使之不能入关南下，就算对整个抗战增加了一分力量。"

全国抗战爆发后新的形势，使东北抗联更加迫切地认识到，需要听到党中央的声音，需要得到苏联的援助。为此，1937 年 11 月 26 日，赵尚志致信苏联远东军司令部布留赫尔元帅及联共布军党委员会。信中希望与苏联远东军及党组织"发生经常联系"，希望苏联援助一些武器弹药，并能给予中国东北抗战以军事上的指导。

第五章　血洒梧桐　将军蒙难

第一节　重返抗日战场

1937 年底，中共北满临时省委在依兰杨家沟召开会议，会议决定派赵尚志过界赴苏，与苏联方面取得联系。

1938 年 1 月，赵尚志率副官和警卫员等四人在萝北县名山镇附近过境。但当赵尚志等人踏上苏联国土后，即被苏军扣押，将他关押在苏联伯力远东军区的一个禁闭室中。

不久抗联六军军长戴鸿宾和抗联十一军军长祁致中过境也被关押，而随他们一起进入苏境的抗联三军一师师长蔡近葵、抗联六军宣传科长徐文彬等五百余名抗联指战员则被苏联遣送到新疆。

抗联过境人员遭到这样的境遇，使他们很难理解。

1939 年 4 月，在赵尚志多次申述后，苏方终于答应解决他提出的解除关押的请求，并考虑他要求回东北的问题。

在此期间，赵尚志的老战友、抗联第三军第四师代理政治部主任于保合和李在德夫妇来看他，他们也是战斗失利后转移到苏联境内的。见到老部下，赵尚志非常高兴。他对于保合说，他的问题就要解决了，他要回东北继续领导抗日斗争。

1939 年 5 月，赵尚志、戴鸿宾和祁致中被解除禁闭。6 月，他们带领由一百零五名抗联战士组成的队伍返回东北抗日战场。赵尚志把这支队伍编成一个教导队、两个中队。任命戴鸿宾为总司令部参谋长兼教导队总队长，祁致中为总司令部副官长，于保合为司令部组织科长，陈雷为司令部宣传科长。

1939 年 6 月 27 日，赵尚志率队抵达佛山观音山附近。他回到了日思夜想的祖国，回到了东北抗日战场。

在回到东北抗日战场的第二天，赵尚志即率队攻打了乌拉嘎金矿。

乌拉嘎金矿位于佛山南部，是北满地区的大型金矿之一，驻有日本人和伪矿警队。经过赵尚志的周密侦察与部署，战斗于当天夜里打响。

面对抗日部队的突袭，敌人猝不及防，除负隅顽抗者被击毙外，全都举手投降。此战抗联部队大获全胜。

战斗结束后，赵尚志召开工人群众大会，他在会上对大家说："我们是共产党领导的抗日队伍……你们正在苦难的深渊中过着牛马不如的生活。只有打倒日本鬼子，中国人才有活路。工人是我们的基本群众，大家要踊跃参加抗日联军"。工人们听后十分振奋，立即有二十余名矿工要求参加部队。

赵尚志率队攻打乌拉嘎金矿的消息传出后，附近山区的群众受到很大鼓舞。同时，也使敌人受到很大震动。

1939 年 9 月与 10 月间，赵尚志率队频繁袭击敌人，引起日伪当局的注意。敌人很快纠集兵力对赵尚志部队展开"讨伐"。

针对敌众我寡的实际斗争形势，赵尚志采取避实击虚的战术，伺机杀伤敌人。

1939 年底，赵尚志接到通知，请他参加在苏联伯力召开的北满、吉东省委代表联席会议。

1940 年 1 月，中共吉东、北满省委代表联席会议在伯力正式召开，史称"第一次伯力会议"。会议经过认真商讨，形成了《关于东北抗日救国运动的新提纲草案》等三个文件。在《新提纲草案》中，对抗日联军的整理、改编和统一领导做出了规定：在松花江、乌苏里江、中东路、哈绥线及其两侧之间区域的一切游击队（第四、五、七、十军各部）合并编制为第二路军；松花江、嫩江、黑龙江间之区域的一切游击队（第三、六、九、十一军各部）合并编制为第三路军；东北抗日联军路军领导者为总指挥和政治委员；路军以下军队编制为支队——大队——中队——小队。赵尚志任抗联第二路军副总指挥。

小贴士

第一次伯力会议：1940 年 1 月 24 日，吉东、北满省委联席代表会议在苏联远东地区伯力召开，史称“第一次伯力会议”。

会议分前后两个阶段。第一个阶段从 1 月 24 日到 2 月 5 日，会议总结了过去斗争的经验教训，建议首先实现吉东、北满党组织领导统一，以达到全东北的党领导的统一。在斗争策略上，继续坚持执行全民族抗日统一战线策略，在军事上确定了“保存实力、逐渐收缩”的方针，对抗联部队实行整编。第二阶段会议从 3 月 19 日开始，会议确定了临时接受苏联边疆党和远东军工作指导关系的新关系。中苏双方达成加协议：今后抗联各部如在战斗中失利或因其他原因需要临时转移到苏境时，苏方应予接纳并提供方便。

1940 年 3 月，赵尚志与抗联第二路军总指挥周保中一同返回东北。

赵尚志不仅是一位善于带兵打仗的军事将领，同时也是一位文武双全的军中儒将。他把自己勇赴国难的一腔热血都熔铸在一首《黑水白山·调寄满江红》之中：

黑水白山，被凶残日寇强占。我中华无辜男儿，倍受摧残，血染山河尸遍野，贫困流离怨载天！想故国，庄园无复见，泪潸然。

争自由，誓抗战；效马援，裹尸还。看拼斗疆场，军威赫显。冰天雪地矢壮志，霜夜凄雨勇倍添。待光复东北凯旋日，慰轩辕。

1940 年 5 月，抗联第二路军总部为加强抗日部队的宣传工作，决定赵尚志同志任机关报——《东北红星壁报》委员会委员并担任“主笔”。

在此期间，赵尚志以满腔的热情投入到抗日宣传工作中，他认为这也是抗日斗争工作的一个重要组成部分。他积极发挥自己的写作特长，为办好壁报倾注了极大的热情和努力。他写的文章既有短论，也有诗文，同时，还有谜语等娱乐内容。

诗词《春日卡击》(春之花调)

(一)

看春色可人真奇妙，青山秀水环绕。
笑那脆柳腰乱摆，爱这银杏刚放瓣。
钻入池塘蟹逃虾跳，草甸蛙声叫闹。

(二)

眼巴巴盼待贼兵到，打死活捉不少。
跨上战刀军服换，背得枪支和子弹。
转了个弯攀登山岳，罐头饼干吃饱。

这首《春日卡击》诗歌，清新、活泼，直白、诙谐，信手拈来，毫无雕饰，很有感染力。全诗充满抗联将士的战斗豪情和革命乐观主义精神。

赵尚志发表在壁报上的文章大部分都署名“向之”，即“尚志”的谐音。

抗联第五军第三师师长张镇华牺牲后，他写了一副挽联。全文是：

悼五军三师张师长镇华暨诸烈士英灵千古

锅盔山前皎洁雪地透红斑应知将军经鏖战

宝石河头凄凉月夜对青流岂料英雄殉节休

赵尚志敬挽

民国二十九年五月卅日

这副挽联对仗工整，音韵协调，用词讲究，颇具文采，可谓上乘之作，表达了赵尚志对为抗日救国而捐躯的烈士们的深切哀悼之情。

1940 年 10 月，赵尚志在饶河县暴马顶子抗联第二路军密营周围活动时，他认真回顾和总结了东北抗日武装斗争的经验教训和今后如何深入开展东北抗日运动等问题，写下了《关于东北抗日游击队过去与现在的略述》和《关于布置和建立东北游击队的报告》两篇文章。在这两篇文章里，从理论和实践的结合上，集中体现出赵尚志作为一个军事指挥员的战术思想、军事才能和丰富的作战经验。

1940 年 11 月，赵尚志接到苏方电报，要他到苏联伯力参加会议。这次召开的满洲党和军队领导人会议，历史上称为“第二次伯力会议”。

由于这次会议没有达到与中共中央接上关系的目的，所以抗联各军负责人很快又返回东北。1941 年 10

月，赵尚志率原抗联第三军留守团团长姜立新、原抗联第三军第三师第三团团长张凤岐及赵海涛、韩有等四名抗联人员组成小部队返回东北。

第二节　壮烈牺牲

1941年10月中旬，赵尚志率小部队从萝北县大马河口登岸。经过长途跋涉，他们来到梧桐河上游至老白山地区，暂时在老白山东南坡姜把头“趟子房”隐蔽下来。

小贴士

把头：源自英文：butler，资本家雇佣的男管家，管理企业的头头。新中国成立前外资企业，包括东北的日企，都这样称呼。后来延伸为把持或管理某一行业的行帮头目。

根据赵尚志的决定，小部队队员走出据点，到周围的“趟子房”开展活动，逐步发展抗日武装。

12月间，北风怒号，大雪纷飞。赵尚志等人冒着凛冽的寒风在小兴安岭的密林中穿行。他们接连走了四五个

"趟子房",向猎人和采山货的人做宣传。很快,他们发展了两名队员。

1942 年 1 月,赵尚志小部队的张凤岐等三人前往苏联汇报情况,赵尚志、姜立新、王永孝等人留下继续开展抗日活动。由于日伪当局早已将赵尚志列为重点抓捕的抗联领导人,所以,赵尚志在此地的活动不久就被敌人获知。

首先,伪鹤立县警务科从伪装成收山货的特务处获知赵尚志在鹤立北部山区活动的消息。于是,派出警备队携带无线电台进行了为期七天的搜索,但一无所获。之后,伪兴山警察署署长田井久二郎与特务主任东城政雄策划,决定让特务刘德山伪装成收山货的老客潜入赵尚志小队。刘德山原来是一个猎手,后投降日本人,充当了日伪的走狗,此时的身份是伪兴山警察署的特务。

1942 年 1 月 15 日,刘德山窜入鹤立县北部山区。十数日后,他在老白山姜把头"趟子房"寻觅到赵尚志小队。因为日伪封锁,一般人很难进山,赵尚志对他的突然出现十分警觉。但刘德山编了一套谎话,加之他与赵尚志小队队员姜立新相识,所以赵尚志逐渐解除了对他的怀疑,吸收他入队。不久,特务张锡蔚也混入赵尚志小队。

一个月后，特务刘德山、张锡蔚二人向赵尚志“献计”：梧桐河金矿伪警察驻所警备力量缺乏，现在正是袭击的好机会。赵尚志经考虑后决定于12日拂晓袭击梧桐河金矿伪警察驻所和警备队，并做了战斗部署。

2月12日凌晨1时，赵尚志率小部队向梧桐河金矿伪警察驻所方向移动。当他们走到吕家菜园时，刘德山对赵尚志说应该先派一个人去打探情况。赵尚志便命令熟悉那里情况的张锡蔚前往。特务张锡蔚下山后，立即将情况向敌人做了报告。

此时，等在吕家菜园的刘德山趁赵尚志不备，在后面向他举起了罪恶的枪……

赵尚志身负重伤，但他头脑还十分清醒。他立即意识到刘德山是一个敌特奸细，他强忍剧痛，举起手枪向刘德山打去，刘德山当即毙命。

赵尚志的手枪

血流如注的赵尚志被姜立新背到吕家的小屋里。主人一家知道他们是抗联后，积极为赵尚志止血，暖身体。由于情况非常危险，赵尚志命令姜立新立刻离开，并解下文件包交给他。不一会儿，敌人在张锡蔚的带领下，将吕家菜园包围。赵尚志在昏迷中被捕。

赵尚志被抬到梧桐河金矿伪警察驻所附近的一个工棚里，敌人对他进行突击审讯。面对敌人，苏醒后的赵尚志临危不惧，大义凛然。

据日伪资料记载："赵尚志受致命重伤，仅生存八个小时。于此期间，对审讯之满人警察官称：'我是赵尚志'。'你们和我不同样是中国人吗？你们却成为卖国贼，该杀！''我死不足惜，今将逝去，还有何可问？'除了发泄等言语之外，缄口不言，一直睨视审讯官，置刀枪痛苦于不顾。显示无愧于匪中魁首之尊严，而终于往生。"

1942 年 2 月 12 日晨 9 时，赵尚志的心脏停止了跳动，时年三十四岁。

赵尚志是为民族解放事业而死的。他在生命最后时刻强忍剧痛，坚持斗争，在残暴的敌人面前，宁死不屈，亡身殉国，临大节而志不可夺，表现出一个革命者对党、对人民、对祖国的无限忠诚。他作为一个爱国主义者、共产主义战士，为实现党和人民赋予的历史任务——推翻日本帝国主义的殖民统治和自己的崇高理想——共产主义奋斗了终身。他为中华民族的解放事业流尽了最后一滴血，献出了宝贵生命。

第六章　浩气长存　永恒纪念

赵尚志不仅是东北抗日联军的著名将领，也是全国闻名的民族英雄，他因在抗日斗争中建树的不朽功勋而备受敬仰。

将军牺牲后，人民深切怀念他。为了纪念他在领导东北抗日斗争中创造的光辉业绩，1946 年 11 月，珠河县第一届农工代表大会通过决议，将抗日联军第三军的发祥地、赵尚志战斗过的地方——珠河县更名为尚志县(1988 年 9 月经国务院批准撤县改市，现为尚志市)。1947 年 5 月 8 日，经东北行政委员会批复，"珠河县改称尚志县，准予备案"。这样，"尚志"就成为中国大地上屈指可数的以英烈之名命名的县份之一。

1946 年 7 月 7 日，在哈尔滨市纪念抗战全面爆发九周年大会上，根据时任松江省政府主席冯仲云的提议，人民政府将赵尚志早年从事革命活动时经常经过的一条繁华大街——新城大街更名为尚志大街，以作永久纪念。

同年，哈尔滨市人民政府将道里区西十四道街的一所学校命名为“哈尔滨市尚志小学校”。1997 年，经中共哈尔滨市委批准，将香坊公园更名为尚志公园。

小贴士

东北行政委员会：东北行政委员会是代表中央人民政府在东北行政区领导、监督地方政府的最高行政领导机关。成立于 1946 年 8 月 7 日，当时称为东北各省市行政联合办事处；同年 10 月改称东北行政委员会。1949 年 8 月 27 日召开东北人民代表会议，正式成立了东北人民政府。1953 年 1 月东北人民政府又改组为东北行政委员会；1954 年 8 月 15 日撤销。

1946 年 4 月 3 日，鹤立县民主政府根据县议会第一次会议决议，将距赵尚志牺牲地最近的村屯——梧桐河村更名为尚志村。2014 年 9 月 3 日，梧桐河抗联纪念馆建成开放。

1984 年 6 月 15 日，尚志县第九届人大常委会第二次会议决定：建立纪念馆，并将尚志一中更名为尚志中学。

尚志大街

1986 年 10 月 1 日，尚志县抗日烈士纪念馆落成，全国人大常务委员会委员长彭真题写了馆名——抗日烈士赵尚志、赵一曼纪念馆。1988 年 5 月 1 日，尚志县抗日烈士纪念馆隆重举办开馆典礼。

赵尚志出生地辽宁省朝阳县王伦沟乡喇嘛沟村被命名为尚志乡尚志村。

赵尚志牺牲后，敌人残忍地割下他的头颅，将他的躯体扔进松花江冰窟。2004 年，赵尚志的颅骨在长春护国般若寺被发现，2008 年 10 月 25 日，赵尚志的颅骨被安葬于烈士家乡辽宁省朝阳市“赵尚志烈士陵园”，同日，赵尚志纪念馆正式开馆。

抗日烈士赵尚志赵一曼纪念馆

朝阳赵尚志纪念馆

赵尚志纪念馆位于朝阳市中山大街，是集纪念、馆藏、研究保护、展览以及爱国主义教育为一体的革命类纪念馆。纪念馆高十一米，正面长三十四米，象征着赵尚志将军十一岁离开家乡以及三十四年短暂而壮丽的人生，纪念馆的正面像张开的手臂，寓意家乡人民张开怀抱迎接将军魂归故里。

参考书目

1. 赵尚志画传/中共黑龙江省委党史研究室编.哈尔滨:黑龙江人民出版社,2008年10月版。

2. 抗日联军在黑龙江/中国人民政治协商会议黑龙江省委员会文史和学习委员会编.哈尔滨:黑龙江人民出版社,2008年12月版。

3. 东北抗日联军史/朱姝璇、岳思平编著.北京:解放军出版社,2014年1月版。

4. 赵尚志传/赵俊清著.哈尔滨:黑龙江人民出版社,2015年7月版。

5. 抗联战东北:东北抗联抗日影像全纪录/唐棠,亓才,刘华著.北京:长城出版社,2015年7月版。

6. 东北抗日联军史/《东北抗日联军史》编写组著.北京:中共党史出版社,2015年9月版。